Wohin driften die Kirchen?

10 Jahre Sozialwort der Kirchen
Eine ökumenische Zwischenbilanz

Edition | Kultur der Arbeit

Eine Schriftenreihe der
Stiftung Gute Arbeit, Recklinghausen

www.stiftung-gute-arbeit.org
e-Mail: office@stiftung-gute-arbeit.org

Herausgegeben von

Jürgen Klute

Herbert Schlender

Sabine Sinagowitz

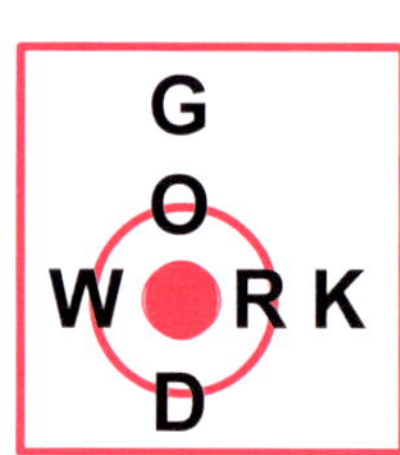

Band 2

Wolfgang Belitz, Jürgen Klute, Hans-Udo Schneider

Wohin driften die Kirchen?
10 Jahre Sozialwort der Kirchen — Eine ökumenische Zwischenbilanz

Wolfgang Belitz | Jürgen Klute | Hans-Udo Schneider

Wohin driften die Kirchen?

10 Jahre Sozialwort der Kirchen
Eine ökumenische Zwischenbilanz

Verlag Books on Demand GmbH, Norderstedt

Bibliographische Informationen der Deutschen Bibliothek:
Die Deutsche Bibliothek verzeichnet diese Publikation in der
Deutschen Nationalbibliographie; detaillierte bibliographische
Daten sind im Internet unter http://dnb.ddb.de abrufbar.

ISBN-13: 978-3-83700-419-9

Herstellung und Verlag:
Books on Demand GmbH
Gutenbergring 53
D - 22848 Norderstedt

Telefon: ++49 (0) 40 / 53 43 35-0
Telefax: ++49 (0) 40 / 53 43 35-84
Web: www.bod.de
e-Mail: info@bod.de

Inhalt

Einführung

1976 wird in den „Frankfurter Heften – Zeitschrift für Kultur und Politik", ein Artikel von Helmut Gollwitzer veröffentlicht. Er trägt den knappen Titel: „Die Evangelische Kirche und unser Staat". Bei der Vorbereitung unseres Projektes werden wir daran erinnert.

Gollwitzer schreibt beiden – Kirche und Staat – einen Doppelcharakter zu. Den Doppelcharakter der Kirche kennzeichnet er wie folgt: „Die Kirche ist eine Gruppe von Menschen, zusammengebracht durch das Ergriffensein von der evangelischen Botschaft, in ihrem Leben von dieser Botschaft bestimmt und sie an die Umwelt weitergebend. Die Kirche ist zugleich ein Teil der Gesellschaft, von deren Lebensbedingungen bestimmt und unter deren Suggestion und Rahmenbedingungen auch die Botschaft auffassend. Erst recht eine Volkskirche ist ein Spiegel der jeweiligen Gesellschaft – wie die Kirchengeschichte zeigt, mehr diese als das Evangelium widerspiegelnd" (Heft 4, S.24ff).

Gollwitzer weist den „Doppelcharakter" der Kirche exemplarisch an ihrer „noch jungen Geschichte" in der Bundesrepublik Deutschland nach. So führen die innenpolitischen Auseinandersetzungen um Wiederbewaffnung, Atomwaffen, das Verhältnis zur DDR auch innerhalb der Kirchen zu heftigen Kontroversen. Gleichwohl wäre es, so Gollwitzer, undenkbar gewesen, ein „die Kreise der Adenauerschen Politik störendes Wort durchzusetzen". Deshalb wurde in der Evangelischen Kirche die Methode der Denkschriften erfunden. Sie war der Ausweg aus dem Dilemma, einerseits zu wichtigen gesellschaftlichen Fragen nicht ganz zu schweigen und andererseits härteren Konflikten mit staatlichen Instanzen aus dem Weg zu gehen.

Für Gollwitzer folgen fast alle Denkschriften/Verlautbarungen der EKD dieser „Logik". Lediglich die Vertriebenen-Denkschrift aus dem Jahre 1965 stellt eine Ausnahme dar und wir möchten hinzufügen, in der Zeit nach Gollwitzer kommt bisher einzig dem Sozialwort beider Kirchen aus dem Jahre 1997 dieser Ausnahmestatus zu.

Die Vertriebenen Denkschrift konnte – hinsichtlich der Durchsetzung einer neuen Ostpolitik – erhebliche Langzeitwirkungen entfalten. Anscheinend waren die EKD Synodalen damals über ihre eigene Courage so erschreckt, dass sie bereits ein Jahr später, wichtige Passagen entschärften.

Vergleichbare Prozesse lassen sich am Beispiel des Sozialwortes beobachten. Seine Entstehungs- und Wirkungsgeschichte in Verbindung mit der Frage „Wohin steuern die Kirchen?" ist Gegenstand des vorliegenden Buches.

Zehn Jahre Sozialwort sind für uns der konkrete Anlass für eine Zwischenbilanz.

Aber es gibt noch ein zweites Motiv und das soll hier nicht verschwiegen werden. Am 26. Februar 2007 veröffentlichte die Frankfurter Rundschau den Vorabdruck eines Referates von Prof. Gerhard Wegner zu dem Tagungsthema der Evangelischen Bildungsstätte Schwanenwerder „Sozialethik als politische Kraft". Das Dokument erschien unter dem Titel: „Unternehmen leben" . Nicht nur der von Wegner lancierte Vorabdruck ist ein eher ungewöhnlicher Vorgang. Nein, es sind vor allem die Inhalte, die uns als Herausgeber veranlasst haben, uns mit seiner Vorstellungswelt auseinanderszusetzen (siehe den Beitrag von H.-U.Schneider, Sozialpfarrer und Psychologe im Kirchenkreis Gladbeck-Bottrop-Dorsten: „Das Sozialwort der Kirchen aus dem Jahre 1997 ist aktueller denn je"), am Reformationstag eine Vortragsveranstaltung durchzuführen und die Vorträge zu dokumentieren.

Wir halten Wegners Vortrag im Kern für den Versuch, die Abkehr der Evangelischen Kirche vom deutschen (europäischen) Sozialstaatsmodell sozialethisch zu begründen.

Dabei ist Wegner nicht irgendwer, er ist Professor für praktische Theologie an der Universität Marburg, Leiter des neuen sozialwissenschaftlichen Instituts der EKD (Hannover) und er ist als stellvertretender Vorsitzender auch führender Repräsentant des KDA. Ohne Rückkopplung mit dem Vorstand oder den regionalen Diensten des KDA verbreitet er im Alleingang seine cruden Vorstellungen.

Wegner knüpft keineswegs wie er vorgibt, an den inhaltlichen Positionen des Sozialwortes an. Er vollzieht den glatten Bruch und wagt sich zu einem Zeitpunkt aus der Deckung, wo er glaubt, dass das Feld durch kirchenleitende Verlautbarungen dazu ausreichend vorbereitet ist.

Wir distanzieren uns formal und inhaltlich von diesem Unterfangen Wegners, Evangelische Sozialethik aus ihren bisherigen Traditionen zu lösen und ins wirtschaftsliberale Abseits zu stellen.

Mehr denn je kommt es darauf an, sich im Geist des Sozialwortes (vgl. dort das zentrale Kapitel 3: "Perspektiven und Impulse aus dem christlichen Glauben") der Sozialen Frage neu zu stellen. Das bedeutet einerseits die Demaskierung des Neoliberalismus als eine Macht der Ungerechtigkeit und Unfreiheit und das bedeutet darüber hinaus, die produktive Auseinandersetzung mit der „digitalen Revolution".

Wie bereits angesprochen entstand aus diesen Überlegungen die Idee einer Vortragsveranstaltung zum Jubiläumsjahr des Sozialwortes im Rahmen des Reformationsfestes der Evangelischen Kirche Gladbeck. Dazu konnten wir aus den Kirchen zwei namhafte Vertreter gewinnen, die beide an den Prozessen um die Entstehung des Sozialwortes beteiligt waren. Es sind dies auf kath. Seite, der Ökonom und Jesuitenpater Prof. Dr. Friedhelm Hengsbach und auf evangelischer Seite, der ehemalige

Leiter des Sozialwissenschaftlichen Instituts der EKD Dr. Hartmut Przybylski.

Unser Anliegen ist es, ihre Vorträge, ergänzt durch einige weitere Beiträge zum Thema, einer breiten Öffentlichkeit zur Verfügung zu stellen.

Uwe Hildebrandt, Pfarrer an der Christuskirche in Gladbeck, lenkt in seiner Predigt zu Jesaja 62,6-7 die Aufmerksamkeit auf das Wächteramt der Kirche. Er stellt heraus, dass diese Wächterfunktion zu allererst der Kirche selbst gilt, also nach innen zu richten ist, bevor sie sich den äußeren Verhältnissen von Staat, Politik und Gesellschaft zuwendet. Von daher sei das Erbe der Reformation nicht nur zu verwalten, sondern weiter zu entwickeln. Was das bedeutet, konkretisiert Hildebrandt u.a. so: Die finanzielle Absicherung zähle nicht zu den Kernaufgaben der Kirche. Vielmehr komme es in einer von Unsicherheit, Angst und Hass bestimmten Zeit darauf an, überzeugend von der Gnade Gottes zu reden. Einladende Gemeinde zu sein, bedeute deshalb mehr und stärker denn je, sich vor allem den Ausgegrenzten und in ihrer Würde beschädigten Menschen zuzuwenden.

Hartmut Przybylski gliedert seinen sehr dichten und im Hinblick auf die jüngste Kirchengeschichte spannenden Vortag in drei Abschnitte. Im 1. Teil schildert er den Prozess der Entstehung des Sozialwortes und erinnert sich gestützt auf persönliche Erfahrungen „an die schwierige Geburt eines eigentlich unmöglichen zivilgesellschaftlichen Projektes".

Der zweite Teil setzt sich mit sehr konkreten Erwartungen und Enttäuschungen auseinander.

Und im dritten Teil befasst sich Przybylski mit dem Wirkungsgeschichte des Sozialwortes und unterscheidet dabei drei Perspektiven: die evangelisch binnenkirchliche, die ökumenische und die politische Perspektive.

Friedhelm Hengsbach kann hier unmittelbar anknüpfen. Er zeigt an einer Reihe von Beispielen auf, dass die „alten" Fragen des Sozialwortes nach wie vor die brennenden Fragen von heute sind. Das gilt für die Massenarbeitslosigkeit, die sich ausweitenden Kluft zwischen Arm und Reich, die Prekarisierung der Arbeit und die Gefährdung ganzer Volkswirtschaften, durch die Aktivitäten der weitgehend der öffentlichen Kontrolle entzogenen Finanzmärkte.

Auf diesem Hintergrund stellt sich für Hengsbach die Gretchenfrage nach der Rolle der Kirchen. "Sind sie ihrem glaubenspraktischen Kurs treu geblieben?"

Nach seinen Beobachtungen waren es die Kirchenmänner selbst, „die sich alle Mühe gaben, das Sozialwort totzuschweigen". Die innerkirchliche Entwicklung in den letzten 10 Jahren

analysiert Hengsbach dann anhand von zehn „Tendenzen". Eine zentrale sozialethische Schlüsselfunktion nimmt dabei die schleichende Verabschiedung der Kirchen von den Grundnormen der Verteilungsgerechtigkeit ein. An ihre Stelle treten Chancen- und Leistungsgerechtigkeit. Ein Prozess der weitgehend parallel zum Diskurs in den Parteien abläuft und bereits seinen Niederschlag in den Programmen von CDU und SPD gefunden hat.

Teilhabe – so Hengsbachs scharfsinnige Analyse – erinnert dabei eher an ein „idealistisches, feudales Gesellschaftsmodell der Antike und des Mittelalters".

Unverkennbar sei das Bestreben kirchenleitender Gremien „Anschluss an die politischen Eliten" zu gewinnen.

Besonders aufschlussreich sind auch die Tendenzen sieben und acht, in denen es um die Kirche als Arbeitgeberin und die Rolle von Diakonie und Caritas geht.

Heute haben sich die Kirchen und ihre Wohlfahrtsverbände weit von den dazu entwickelten Perspektiven des Sozialwortes entfernt.

Von daher fällt auch das Urteil von Hengsbach sehr deutlich aus. Gemessen an der faktischender Entwicklung in Staat und Gesellschaft (die Kirchen eingeschlossen) ist das Sozialwort mit seinen zentralen sozialethischen/ sozialpolitischen Anliegen gescheitert.

Zu einer ähnlichen Einschätzung, aber über einen anderen Zugang, kommt auch *Bernhard Emunds*, Prof. für Christliche Gesellschaftsethik und Sozialphilosophie und Leiter des Nell-Breuning Instituts, in seinem anschließenden Beitrag. Gleichwohl misst er dem Sozialwort eine „beachtliche politische Wirkung" zu. Wir dokumentieren hier seinen Vortrag auf der Akademietagung „Sozialethik als politische Kraft" der Evangelischen Akademie Berlin, der Katholischen Akademie Berlin und der ökumenischen Arbeitsgemeinschaft sozialethischer Institute am 22./23.März 2007 in Berlin. Emunds beschäftigt sich in sieben Thesen mit der Frage: „In welchem Sinne ist das Sozialwort gescheitert und warum hat es dennoch eine Menge bewirkt "?

Er vergleicht das Sozialwort mit anderen kirchenleitenden Stellungnahmen und gelangt zu Voraussetzungen, deren Erfüllung ganz wesentlich zum Erfolg beitragen. So misst sich Glaubwürdigkeit entscheidend an dem Kriterium der Authentizität. Offenkundig haben genau das die Menschen im Sozialwort erkennen können. Die Kirchen treten als Anwälte der Armen auf und tragen deren Interessen glaubwürdig in die öffentliche Debatte ein.

Wolfgang Belitz, evangelischer Sozialethiker und früherer stellvertretender Leiter des Sozialamtes der EKvW, stellt in seinem Beitrag noch einmal das im Sozialwort aufgeführte Konzept zur Überwindung der Armut in Deutschland dar. Es besteht im wesentlichen aus einer Sockelung der Leistungen der Sozialsysteme in Höhe einer bedarfsorientierten Grundsicherung, die jedem Menschen zuteil werden soll. Ferner wird an die beachtlichen

Äußerungen des Sozialwortes zum Thema Reichtum erinnert, der endlich zum Thema der politischen Debatte gemacht werden soll. Die Argumentation scheut nicht davor zurück, erhebliche Umverteilungen einzufordern.

Der Autor vergleicht mit diesen Positionen aktuelle Stellungnahmen des Gremienprotestantismus zu Armut und Reichtum wie sie in der Denkschrift des Rates der EKD zur Armut in Deutschland „Gerechte Teilhabe" (2006) und in der Verlautbarung der Synode der EKD „Gerechtigkeit erhöht ein Volk – Armut muss bekämpft werden – Reichtum verpflichtet" (2006) vorliegen. Beide Positionen nehmen keinen Bezug auf das Sozialwort und ignorieren dessen Positionen und Forderungen vollständig, so als habe es das Sozialwort nicht gegeben. Staatdessen nähert sich der Gremienprotestantismus in diesen aktuellen Veröffentlichungen nun den Gedankengängen des neoliberalen Mainstreams.

Der Beitrag von *Jürgen Klute*, Sozialethiker und Mitarbeiter der Evangelischen Stadtakademie Bochum, trägt den Titel: „Von der Option für die Armen zum evangelischen Profil: Ein Paradagimenwechsel". Nach kirchlichen Maßstäben sind 10 Jahre ein außerordentlich kleiner Zeitrahmen. Und doch vollziehen sich dramatische Veränderungen. Nach außen werden sie sichtbar in der Schließung von Einrichtungen und Diensten, der Entlassung oder Ausgliederung von Mitarbeitern, in neuen Entgeltsystemen und in einer betriebswirtschaftlich ausgerichteten Sprache, die verändertes Denken widerspiegelt. Jürgen Klutes Anliegen ist es, diesen Prozess aufzuzeigen und kritisch zu analysieren. Deshalb stellt er nochmal den Kern des Sozialwortes, die vorrangige Option für die Armen heraus. Dieser Kern ist Anspruch für kirchliches Handeln: Die Kirche ist eine Kirche für die Armen oder sie ist keine Kirche.

Klute zeigt auf, wie der neoliberale Ökonomiesierungsdruck die Kirchen und ihre Wohlfahrtsverbände erfasst und wie sie darauf reagieren. Seine Bewertung: Die „vorrangige Option für die Armen" und „Evangelisch in Deutschland" (vgl. EKD -Papier: „Kirche der Freiheit") sind „zwei divergierende Konzepte".

Ruhrstadt im Juli 2008

Wolfgang Belitz; Jürgen Klute; Hans-Udo Schneider

Uwe Hildebrandt

Predigt zum Reformationstag 2007
in der Christuskirche in Gladbeck-Mitte

Die Vortragsveranstaltung „10 Jahre Sozialwort – wohin steuern die Kirchen" fand im Bonhoeffer-Haus der evangelischen Kirchengemeinde Glabeck-Mitte statt und war eingebunden in die Feier des Reformationsfestes.

Die Gnade unseres Herrn Jesus Christus, die Liebe Gottes und die Gemeinschaft des heiligen Geistes sei mit uns allen. Amen.

Liebe Gemeinde, das Lied "Ein feste Burg" und das Reformationsfest gehören für mich zusammen.

In Bielefeld, wo ich aufgewachsen bin, war der 31. Oktober in meiner Jugendzeit ein ganz besonderer Tag. Überall in den Kirchen gab es an diesem Feiertag Gottesdienste und Luthers Thesenanschlag stand im Mittelpunkt. Wir feierten zu der Zeit ganz selbstverständlich sehr selbstbewusst als ev. Christen.

Seitdem hat sich viel geändert. Der Reformationstag ist nur noch in den Lutherischen Ländern wie Brandenburg und Mecklenburg Vorpommern ein Feiertag.

Alle Welt, nicht nur die Kleinen, reden von Halloween. Überall ist Halloween präsent.

Luthers Hammerschlage an der Tür der Schlosskirche erschüttern die Welt nicht mehr. Im Gegenteil: sie werden in Frage gestellt. Hat Luther überhaupt die 95 Thesen an die Schlosskirche geschlagen, oder ist das alles nur Legende?

Wie sicher viele von Ihnen war ich vor einigen Jahren in Wittenberg und habe auch die Schlosskirche besichtigt. Die 95 Thesen zieren in Bronze gegossen ihre Eingangstür und über dem Portal steht "Ein feste Burg ist unser Gott"! Dieser Spruch aus dem Psalm 46, den wir eben gebetet haben, ist die befreiende Erkenntnis des neuen Glaubens.

Unser Gott ist jemand, auf den man sich verlassen kann. Er ist unbesiegbar. Er ist der Herr der Welt und wir sind seine Gemeinde und stehen treu und fest zu ihm. Trutzig und fest stehen auch die ev. Kirchen aus dieser Zeit.

Die Wände sind schmucklos und nicht voller Figuren und Bilder, denn lebendig wird die Kirche erst durch den Glauben ihrer Mitglieder. Wenn am Sonntag die Kirche gut besucht ist und Gottes Wort in Lied, Gebet und Predigt verkündigt wird, dann ist Kirche erlebbar. Im Alltag sollte die Kirche in jedem Haushalt zu finden sein, so die Vorstellung der Reformatoren.

Luther hat seine Bibelübersetzung, den kleinen Katechismus und viele Lieder geschrieben, damit zu hause gebetet, gesungen und in der Schrift gelesen wird.

Das ist der Grund, warum ev. Kirchen in der Regel auch die Woche über verschlossen sind, denn sie sind in der lutherischen Tradition eher Versammlungsorte der Gemeinde.

Luthers eigene Glaubenserfahrungen trafen auf eine Welt, die brüchig geworden war. Die Zeit des Mittelalters ging zu Ende und überall wollten die Menschen ihr Leben selber in die Hand nehmen.

Vieles in der alten Kirche war fragwürdig geworden. Im eigenen harten und langen Ringen hatte Luther zu Gott gefunden.

Auch Jesaja hat in schwerer Zeit um seinen Glauben ringen müssen. Er verkündigt Gottes Wort den verängstigten Menschen so:

„O Jerusalem, ich habe Wächter über deine Mauern bestellt, die den ganzen Tag und die ganze Nacht nicht mehr schweigen sollen. Die ihr den Herrn erinnern sollt, ohne euch Ruhe zu gönnen, lasst ihm keine Ruhe, bis er Jerusalem wieder aufrichte und es setzte zum Lobpreis auf Erden." (Jes.62, 6-7)

Die Aufgabe eines Wächters ist klar: er soll Ausschau nach Feinden halten und eine Stadt vor Eindringlingen warnen, eventuell auch Vorkehrungen treffen, um mögliche Überfälle schon im Vorfeld zu verhindern. Er ist für die Verteidigung der Stadt zuständig. Ohne ihn könnten die Bewohner nicht ruhig schlafen oder unbesorgt ihren alltäglichen Geschäften nachgehen. Der Wächter auf der Stadtmauer gibt das gute Gefühl, in Sicherheit zu sein.

Solche Wächter haben zurzeit Hochkonjunktur.

Seit den Terroranschlägen des 11. September 2001 übertreffen sich die modernen Wächter der westlichen Welt darin, immer neue Gesetzesentwürfe vorzuschlagen und sicherheitspolitische Konsequenzen zu ziehen, um die Menschen im eigenen Land in Sicherheit zu wähnen.

Auch hierzulande werden immer wieder neue Ideen unseres Innenministers diskutiert.

Darf man ein Passagierflugzeug zum Abschuss freigeben, wenn Gefahr von ihm ausgeht?

Sollen Computer online und ohne Kenntnis der Besitzer überwacht und ausspioniert werden dürfen?

Sollen an jeder Ecke Kameras installiert werden, die uns auf Schritt und Tritt beobachten? Ob sich die Welt damit sicherer machen lässt?

Von einer ganz anderen Aufgabe der Wächter ist in unserem Predigttext die Rede. Ihr Auftrag lautet nicht, Jerusalem zu bewachen, jedenfalls nicht im herkömmlichen Sinn.

Die Wächter Jerusalems sollen vielmehr etwas wach halten – nämlich die Erinnerung an das Versprechen Gottes, Jerusalem zum Platz des irdischen Friedens für alle Völker zu machen. Ihr Wächteramt richtet sich also nicht nach außen, sondern nach innen – zu Gott und mit ihm zum eigenen Volk.

Es hat in der Geschichte Gottes mit den Menschen immer wieder solche Wächter gegeben, die das Rufen nicht gelassen haben.

Im Alten Testament waren es vor allem die Propheten, die sich dieser Aufgabe widmeten.

Wir erinnern uns heute besonders an Luther, der seine 95 Thesen an die Öffentlichkeit brachte.

Auch dieser Ruf richtete sich an seine eigene Kirche! Und er erinnerte sie an ihren eigentlichen Auftrag: den Menschen zu dienen und einen gnädigen Gott zu predigen.

Auch damals hatten viele Menschen – wie Luther auch – Angst. Doch fürchtete man sich damals weniger vor dem Gott anderer Religionen, sondern vor dem eigenen Gott hatte man Angst. Und davon wollte Bruder Martin sich selbst und seine Zeitgenossen befreien.

Es war nicht seine Absicht gewesen, damit eine Kirchenspaltung zu betreiben. Ihm ging es um eine Reformation seiner römisch-katholischen Papstkirche, nicht mehr aber auch nicht weniger.

Eine Lehre, die die evangelischen Kirchen daraus gezogen haben, war ein Anspruch, den sie sich selbst zumuteten:

ecclesia semper reformanda est – die Kirche muss sich selbst immer wieder reformieren. Sie darf nicht still stehen, nicht in feste Strukturen erstarren und nur Traditionspflege betreiben.

Zum protestantischen Verständnis von Kirche gehört es, dass sie sich selbst und wie sie ihrer eigentlichen Aufgabe, einen gnädigen Gott zu predigen, nachkommt, immer wieder in Frage stellt.

Natürlich hat das auch nach außen hin Auswirkungen. Unter der Herrschaft des Hitlerregimes hatten sich Kirchenvertreter in Wuppertal-Barmen getroffen und sich an diesen Auftrag erinnern lassen.

Sie formulierten in der so genannten Barmer Theologischen Erklärung ein Wächteramt der Kirche gegenüber dem Staat.

In These V heißt es: Die Kirche "erinnert an Gottes Reich, an Gottes Gebot und Gerechtigkeit und damit an die Verantwortung der Regierenden und Regierten. Sie vertraut und gehorcht der Kraft des Wortes, durch das Gott alle Dinge trägt."

Auch dies war weniger ein Ruf gegen den Staat – das auch –, als vielmehr der Versuch, die eigenen Pfarrer und Gemeindeglieder gegen eine zu große Anbiederung an den Führer Hitler wachzurütteln.

"Wir verwerfen die falsche Lehre," so heißt es nämlich weiter, "als solle und könne der Staat ... die einzige und totale Ordnung menschlichen Lebens werden und also auch die Bestimmung der Kirche füllen."

Die Bekennende Kirche setzte sich darin mit den gleichgeschalteten und führertreuen Deutschen Christen auseinander, die damals in vielen Gemeinden die Mehrheit in den Presbyterien erlangten.

Leider, wie die Geschichte zeigt, hatte dieser Aufruf wenig Erfolg. Aber immerhin, es war ein Versuch ...

Die von Jesaja aufgestellten Wächter, das sind die, die unaufhörlich nerven und Gottes Willen den Menschen in Erinnerung rufen. Das sind die, die die Sünden Sünde nennen auch dort wo es politisch nicht passt. Wir können zu solchen Wächtern werden, wenn wir das Erbe der Reformation nicht nur verwalten, sondern auch weiter entwickeln. Wir können heute als Prophetinnen und Propheten leben, wenn wir den Willen Gottes sagen.

Denn heute zur Zeit der christlichen Kirche muss die Gemeinde diese Funktion übernehmen. Sie muss Tag und Nacht warnen. Sie darf auf ihre Wächterfunktion nicht verzichten. Wo sie zu enge Bündnisse mit der Politik eingeht, muss sie refor-miert werden, ihre Distanz wiedergewinnen. Einer der großen Geburtsfehler der Kirche der Reformation – die zu enge Bindung an politische Mächte.

Das Wort Gottes – die Bibel ist das allein tragende Fundament des Glaubens. Wenn eine Gemeinde sich dieses Wort nicht dauernd neu sagen lässt, geht sie verloren. Es muss in jeder Situation des Lebens neu gehört werden.

Die aufgestellten Wächter sind keine Kirchenbeamten, auch keine Pfarrerinnen und Pfarrer, sondern alle Menschen, die sich rufen lassen dort zu widersprechen, wo der Wille Gottes Sachzwängen untergeordnet wird.

Die Geschichte von Jesaja spielt in einer Zeit, als Jerusalem nicht nur ausgeplündert war, sondern auch viele im Exil lebten, weit weg von der Heimat, verbannt von den Siegermächten.

Auch daran sollen die Wächter erinnern. Das dauernde Erinnern hat Verheißung. Nur der wach gehalten Schmerz kann geheilt werden. Gottes Willen immer wieder neu anzusagen, bedeutet eben auch sich aufzumachen und den Weg zu bereiten, denen die heimkehren.

Die Menschen in der Stadt nehmen nur das Schweigen Gottes wahr. Sie erfahren den Gott ihrer Mütter und Väter als einen Gott, der weit weg ist und mit ihnen nichts zu tun haben will. Sie vernehmen zu leicht nicht das Reden in diesem Schweigen Gottes. Aber der Herr selber wacht über den Mauern. Sein Dasein will verkündet sein.

Die Heilserwartung wach halten in heilloser Zeit – für Jerusalem und die Menschen. Das ist die Aufgabe aller, die sich um sein Wort versammeln. Es kann keine Gemeinde geben, die innerhalb der Mauern bleibt, sie muss die Mauern öffnen und denen die Bahn bereiten, die vielleicht gar nicht darauf warten. Damals denen, die sich im Exil eingerichtet haben, heute jenen, die in Distanz und Halbdistanz verharren. Jenen Menschen, die die Kirche verlassen haben, weil sie in ihr kein Heil mehr verspüren oder weil sie sich von dem Heil, das die Kirche verkündet nichts mehr erhoffen.

Für die muss christliche Gemeinde beten. Für die muss christliche Gemeinde aber immer wieder neu das Wort in die Welt senden, dass die Menschen der Frage nach dem Sinn in ihrem Leben nicht ausweichen können.

Kirche, die aufhört einladende Gemeinde zu sein, ist keine Kirche mehr. Kirche, die sich vor lauter Einladung schämt ein hartes Wort gegen Unrecht und Gewalt zu sprechen, hat genauso ihren Sinn verloren.

Ich frage mich, welcher Ruf heute laut werden müsste, um dem Wächteramt der Kirche, das ihr aufgetragen ist, zu entsprechen.

Gut ist es da, dass wir gleich über die Wirkungsgeschichte des Sozialworts der Kirchen nach 10 Jahren nachdenken wollen.

Vielleicht wäre es der Aufruf, sich weniger Gedanken um das liebe Geld zu machen. Mittlerweile geht es auf allen Synoden hauptsächlich um die finanzielle Situation unserer Kirche und darum, wie und an welcher Stelle man am besten Geld spart. Sich um die finanzielle Absicherung zu kümmern ist wichtig, keine Frage. Aber es darf nicht zu unserer Hauptaufgabe werden. Wir vernachlässigen dabei nämlich Themen, die weit wichtiger sind. Z.B. die Frage, wie man in einer Zeit, die immer noch angefüllt ist von Angst und Hass, von der Gnade Gottes überzeugend reden kann. Und zwar so, dass sie Menschen anderen oder keinen Glaubens nicht ausschließt, sondern dass sie als Einladung zu einem Fest verstanden wird, bei dem jeder dabei sein will und alle willkommen sind.

Amen

Hartmut Przybylski

Armes reiches Deutschland

10 Jahre Sozialwort – wohin steuern die Kirchen?

Meine Einlassungen zum Thema des Abends gliedern sich in drei Teile:

1. Der Prozess. Historische Erinnerung an die schwierige Geburt eines eigentlich unmöglichen zivilgesellschaftlichen Projekts.
2. Die Kirchen im Wort. Erwartungen und Enttäuschungen eines Aufbruchs.
3. Anmerkungen zur Wirkungsgeschichte des Sozialworts im Streit der Meinungen.

1. Der Prozess. Historische Erinnerung an die schwierige Geburt eines eigentlich unmöglichen zivilgesellschaftlichen Projekts.

Lassen Sie mich mit einer ebenso banalen wie richtigen Feststellung beginnen: Das gemeinsame Sozialwort der beiden großen Kirchen fiel, obwohl es manchem damals so erschien, nicht vom Himmel. Die hinter uns liegenden 10 Jahre seiner später noch zu beurteilenden Wirkungsgeschichte haben einen profan-historischen Ausgangspunkt. Zu Beginn der neunziger Jahre – die Euphorie der Wiedervereinigung hatte sich merklich gelegt – befand sich die Bundesrepublik in einer tief greifenden wirtschaftlichen und sozialen Krise: Hohe Staatsverschuldung, galoppierende Arbeitslosenzahlen, Rückgang der industriellen Beschäftigung, Verschiebung der Alterspyramide, Zerbrechen der herkömmlichen Erwerbsbiografien, Anwachsen von unterschiedlichen Einpersonenhaushalten, zunehmende Einwanderungsbewegungen, fortschreitende Umweltverschmutzung, neue Armut sowie die Lasten des deutschen Einigungsprozesses sind nur einige Stichworte, die hier zu nennen wären. Die Politik antwortete damals u.a. mit Aussitzen, Abbau der sozialen Sicherungssysteme und Eingriffen ins Arbeitsrecht.

Angesichts dieser Sachlage entstand in Verantwortung der Kommission VI der Deutschen Bischofskonferenz eine Thesenreihe mit dem Titel „Unsere Verantwortung für die Wirtschaft". Sie wurde in der katholischen Kirche verbreitet und in mehreren Anhörungen mit Vertretern aus der Politik und den Verbänden so wie mit katholischen Einrichtungen und Werken diskutiert. Zu diesen Hearings waren auch so genannte evangelische Beobachter eingeladen, die der Rat der EKD entsandt hatte. Diese Beobachter erarbeiteten eine Stellungnahme, die der katholischen Seite zugeleitet wurde. Darin äußerten sie sich kritisch zum katholischen Papier, vor allem bemängelten sie, dass es kein spezifisch kirchliches Profil aufwies.

Schon während dieses ersten Beratungsprozesses erging dann eine offizielle Anfrage der katholischen Kirche an die EKD, ein gemeinsames Diskussionspapier zu verfassen und ein ökumenisches Konsultationsverfahren einzuleiten. Die EKD zögerte. Nach einem engagierten konziliaren Prozess „Frieden, Gerechtigkeit, Bewahrung der Schöpfung" und einer intensiven Diskussion der Wirtschaftsdenkschrift der EKD sah man zunächst keine Veranlassung, sich an dem geplanten Unternehmen zu beteiligen. Außerdem verwies man auf die besondere Struktur der EKD, eine Gemeinschaft von 23 völlig selbständigen Landeskirchen, die einer zügigen Erarbeitung eines solchen Papiers sicher entgegen stehen würde. Schließlich reifte aber doch im Blick auf *den Ernst der wirtschaftlichen und sozialen Situation in Deutschland* – so die offizielle Lesart – die Überzeugung, dass man sich dem Projekt nicht entziehen konnte.

Die Deutsche Bischofskonferenz und der Rat der EKD beriefen darauf hin je vier Sachverständige in einen gemeinsamen Ausschuss, der den Entwurf eines Diskussionspapiers für den Konsultationsprozess erarbeiten sollte. Es waren dies auf katholischer Seite die Professoren Rauscher, Lampert und Furger so wie Frau Dr. Kölblin aus Jena. Die evangelische Bank besetzten Frau Hanewinckel aus Halle, Dr. Reichmann, Professor Katterle und Pastor Schorlemmer aus Wittenberg. Als Sekretäre des Ausschusses wurden benannt: der Ministerialdirigent a.D. Remling vom katholischen Büro in Bonn und Oberkirchenrat Winkler vom Kirchenamt der EKD. Der Ausschuss hatte den Auftrag, in vergleichsweise kurzer Zeit (zwei bis drei Monate) ein knappes Thesenpapier (etwa 5 Din-A-4-Seiten) zu verfassen.

Schon bald nachdem der Ausschuss seine Arbeit aufgenommen hatte zeigte sich, dass hier doch sehr gegensätzliche Persönlichkeiten und ziemlich kontroverse Anliegen und Interessen aufeinandertrafen. Eine Seite des Ausschusses versuchte, den staatstragenden Tenor des erwähnten katholischen Papiers fortzuschreiben und vor allem aus der Sicht der Entscheidungsträger in Politik und Gesellschaft zu argumentieren. Die andere Seite wollte eher einige markante neuralgische Punkte in Wirtschaft und Gesellschaft benennen, die Probleme der Schwachen und Benachteiligten herausstellen und an die Verantwortung des Gemeinwesens und der Kirchen appellieren. Ein erster Entwurf der beiden Sekretäre vom April 1994 stieß daher nur bei einem Teil der Ausschussmitglieder auf Zustimmung. Zugleich wurde deutlich, dass das Papier sehr viel umfangreicher werden und die Arbeit sehr viel mehr Zeit in Anspruch nehmen würde als ursprünglich geplant war. Für einen kurzen historischen Moment stand das ganze Unternehmen auf der Kippe.

Dank der unermüdlichen Integrationsarbeit der beiden Sekretäre konnte der Auftrag gleichwohl im Sommer 1994 mit einem entsprechenden Text weitgehend abgeschlossen werden. Er wurde in die Kammern und Gremien weitergereicht, um letzte Stellungnahmen einzuholen und die Beratungsvorlage für die Leitungsgremien der beiden Kirchen fertig zu stellen. Der Veröffentlichungszeitpunkt sollte, das war von Anfang an klar, nach der Bundestagswahl vom 15. Oktober 1994 sein.

Noch im Sommer 1994, nach Abschluss der Arbeiten im Ausschuss geschah dann folgendes: die Vorentwürfe des Papiers wurden von bis heute nur Insidern bekannter Seite in die Presse lanciert. Die Westfälische Rundschau berichtete reißerisch von einer scharfen Kritik der Kirchen an der Politik der Bundesregierung. In der heißen Wahlkampfzeit wurde diese Meldung sofort von weiteren Medien aufgegriffen und es kam zu heftigen öffentlichen Auseinandersetzungen. Da die Autoren des Textes zu diesem Zeitpunkt zumeist im Urlaub waren und nicht direkt befragt werden konnten blühten die Spekulationen. Die kirchlichen Pressestellen reagierten verhalten, was wiederum als Dementi ausgelegt wurde. Gleichzeitig kam es in der Kammer für Öffentliche Verantwortung zu einer massiven Kontroverse um das Papier. Der Vorsitzende kritisierte die Anfangsentscheidung des Rates, die Öffentlichkeitskammer nicht direkt an der Erarbeitung des Entwurfs zu beteiligen und schlug deshalb in einem Brief an den Rat der EKD vor, das gesamte Verfahren abzubrechen.

Wie wir wissen, kam es dazu nicht. Der Rat der EKD und die Deutsche Bischofskonferenz befassten sich im September 1994 zustimmend mit dem bis dahin vorliegenden Entwurf. Dabei wurden noch eine Fülle von Korrekturen und Ergänzungen eingebracht, die aber weitgehend der Intention des Textes folgten und keine wesentlichen Abschwächungen oder Veränderungen darstellten. Am 4. November gab der Kontaktgesprächskreis der beiden Kirchen das Papier nach Anbringung letzter marginaler Korrekturen zur Veröffentlichung frei. Seine Präsentation erfolgte am 20. November 1994 unter dem Titel „Zur wirtschaftlichen und sozialen Lage in Deutschland" auf einer Pressekonferenz mit Bischof Homeyer und Vizepräsident Barth in der EKD-Dienststelle in Bonn.

Der Inhalt des Textes lässt sich kurz so zusammenfassen: die strukturellen Verwerfungen und Fehlentwicklungen in Deutschland sind unübersehbar. Als besonders vordringlich erweisen sich der Abbau der hohen Arbeitslosigkeit, die Stärkung der Familien, die Reform und Konsolidierung des Sozialstaates, die Bekämpfung der Armut und die Bewahrung der Schöpfung. In zweiter Linie wurden gefordert: Maßnahmen gegen die Wohnungsnot, die Erhaltung von Traditionen der Sozialkultur, die Verbesserung der beruflichen Bildung und die Solidarität mit den Fremden. Dabei gingen die Kirchen von drei Optionen aus: der Option für die Schwachen, der Option für eine soziale Friedensordnung und der Option für eine soziale Gestaltung der Zukunft in der einen

Welt. Verantwortliche Zukunftsgestaltung meinte die Vollendung der inneren Einheit Deutschlands, eine gemeinsame europäische Zukunft und die Verringerung der Kluft zwischen den armen und reichen Ländern im Prozess der Globalisierung. Das Schlusskapitel verlangte eine Erneuerung der sozialen Marktwirtschaft, nicht ihren Rückbau oder gar ihre Abschaffung.

Auf Grund ihres Selbstverständnisses sahen sich die beiden christlichen Kirchen herausgefordert, zu den damals anstehenden Fragen Stellung zu nehmen. Dabei zielten sie nicht auf Wirkung und Einfluss bei den politisch Verantwortlichen und den herrschenden Macht- und Funktionseliten.

Und sie kamen nicht von oben herab mit fertigen Einsichten und Konzepten. Sie verstanden ihr Papier als vorläufig, als Gesprächsgrundlage, als Diskussionsangebot und nicht als päpstliche, bischöfliche oder kirchenamtliche Verlautbarung. Sie planten ein gemeinsames endgültiges Wort, eröffneten jedoch vorher einen breit angelegten, öffentlichen Dialog, in dem die vielschichtigen Probleme, konkreten Nöte und Bedrängnisse so wie die vorhandenen Wünsche und Vorschläge zur Verbesserung der damaligen gesellschaftlichen Situation zur Sprache kommen und diskutiert werden sollten. Nach dem Vorbild der US-amerikanischen und österreichischen Bischöfe unternahmen sie damit den durchaus nicht unriskanten Versuch, die Gesprächskultur, das Problemlösungspotential und die Chancen der politisch-praktischen Umsetzung in der Gesellschaft zu verbessern. Die Kirchen luden ein zum Streit um Wirklichkeit und deren humane Zukunft, wobei jeder, ob kirchennah oder kirchenfern zur Mitarbeit an diesem Prozess aufgefordert war. Im Vorwort des Papiers hieß es dazu: *„Alle Interessierten, Betroffenen und engagierten Christen und Nichtchristen, Gruppen, Verbände und Institutionen sind aufgerufen, sich zu beteiligen und ihren Rat, ihre Erfahrungen und ihre Gestaltungsvorstellungen für eine sozial gerechte Wirtschafts- und Gesellschaftsordnung einzubringen. Lassen Sie uns gemeinsam suchen nach den richtigen Bewertungen, nach weiterführenden Einsichten, nach hilfreichen Lösungsmöglichkeiten und nach Zukunftsperspektiven."*

Und das Papier zündete: Das Echo war unerwartet groß und vielfältig. Begleitet durch ein übergreifendes Koordinierungsgremium, Arbeitsausschüsse und zwei zentrale Informations- und Clearingstellen entwickelte sich in den folgenden zwei Jahren ein zivilgesellschaftliches Projekt von bis dahin nicht gekanntem Ausmaß. Die Diskussionsgrundlage erschien in einer Auflage von mehr als 500.000 Exemplaren. Sie wurde in mehrere Sprachen übersetzt und stieß auch im Ausland auf nachhaltiges Interesse. Im binnenkirchlichen Bereich, auf der Ebene der Diözesen und Landekirchen, in den kirchlichen Bildungseinrichtungen, bei den Verbänden, Werken, Organisationen und, wenngleich nicht so intensiv, auch in den Kirchengemeinden fanden zigtausend Begegnungen, Gesprächsforen und Veranstaltungen der verschiedensten Art statt.

Gleichzeitig bildeten sich zahlreiche Initiativen, die einen praktischen und wirksamen Beitrag der Solidarität und Hilfe z.B. für Arbeitslose, Nichtsesshafte, Fremde oder Alleinerziehende leisten wollten. Für viele hatte der Konsultationsprozess die Dynamik eines kirchlichen Aufbruchs.

Er bewirkte eine unerwartete Mobilisierung und eine Verbesserung der Identifikation der Kirchenmitglieder mit ihrer eigenen Kirche und deren Auftrag.

Aus dem politischen und gesellschaftlichen Raum beteiligten sich alle im Bundestag vertretenen Parteien, die Tarifvertragspartner, die Gewerkschaften, Wirtschafts- und Wohlfahrtsverbände und die verschiedensten gesellschaftlichen Gruppen am Konsultationsverfahren. Mit einer wahren Flut von Stellungnahmen und Kommentaren reagierten die Medien und auch einige Wissenschaftsdisziplinen meldeten sich zu Wort. Den inneren Zusammenhang des ganzen Unternehmens dokumentierten zwei Groß-Veranstaltungen: zum einen das wissenschaftliche Forum vom 12. September 1995 in Bonn und die Berliner Konsultation vom 9. bis 10. Februar 1996 im Berliner Abgeordnetenhaus im Beisein des damaligen Bundespräsidenten Roman Herzog.

Angestoßen durch die Kirchen diskutierten im Konsultationsprozess zivilgesellschaftliche Akteure die zivilgesellschaftliche Frage: „In welcher Gesellschaft wollen wir leben, wie wollen wir unser gemeinsames Leben gestalten?" Sie diskutierten aber nicht nur, sondern produzierten so ganz nebenbei fast 30.000 Textseiten, die den beiden Clearingstellen zur Auswertung zugingen. Die meisten dieser Einsendungen begrüßten das kirchliche Projekt ausdrücklich. Immer wieder wurde in den Stellungnahmen anerkannt, dass sich die Kirchen in Zeiten wachsender sozio-ökonomischer Schwierigkeiten und zunehmender sozialer Kälte auf die Seite der Benachteiligten und Schwachen stellten und die Probleme aus der Perspektive der Betroffenen aufzeigten. Natürlich gab es auch viele kritische Stimmen, die verschiedene Defizite des Papiers benannten oder sogar das Ganze in Frage stellten. Insgesamt spiegelten sich in den Voten die damals aktuellen politisch-sozialen Auseinandersetzungen, verbunden mit dem Bemühen um konstruktive Zukunftsentwürfe. Neben der Wiederholung bereits bekannter Positionen standen neue und weiterführende Vorschläge, neben scharfer Kritik gab es zahlreiche konstruktiv-nachdenkliche Beiträge, neben fachlichen Kommentaren und Rezensionen auch ganz persönliche Signale und Hilferufe

Zusammenfassend lässt sich festhalten: Der von den Kirchen unter sehr voraussetzungsreichen, so nicht wiederholbaren Bedingungen initiierte Konsultationsprozess war in sich und für sich ein voller Erfolg. Als zivilgesellschaftliches Ereignis von Rang hat er bleibende Bedeutung, wenngleich durch ihn sicher keine medienwirksamen, die Zeiten überdauernden *Leuchttürme* hervorgebracht und die Verhältnisse nicht grundlegend verändert wurden. Eine hektische, auf Profit und materiellen Wohlstand fixierte Rundum-die-Uhr-Gesellschaft gönnte sich in Teilen eine Phase konstruktiven gemeinsamen Nachdenkens über die Grundlagen ihres Zusammenlebens. Zumindest den Dabei-Gewesenen schien es für einen Moment, als könne es das wirklich geben: die konkrete Utopie einer atmenden und miteinander lernenden, humanen Gesellschaft.

2. Die Kirchen im Wort – Erwartungen und Enttäuschungen eines Aufbruchs

Zahlreiche Eingaben zum Konsultationsprozess beklagten vor allem die Tatsache, dass im Diskussionspapier eine kritische Auseinandersetzung mit den vorfindlichen Strukturen und den gesellschaftlichen Funktionen und Leistungen beider Großkirchen völlig fehlte. Eigentlich hätten die Kirchen, so wurde argumentiert, die Analysemaßstäbe, die ethischen Urteilskriterien und Handlungsvorschläge, die sie auf die wirtschaftliche und soziale Lage der Bundesrepublik in Anwendung brachten auch auf sich selbst beziehen müssen. Erst unter dieser Voraussetzung und im Blick auf die eigene christliche Programmatik ließe sich eine vorbildhafte kirchliche Praxis entwickeln, die in erheblichem Maße dazu beitragen könnte, die Akzeptanz und Glaubwürdigkeit des Konsultationsprozesses wie auch die der Kirchen insgesamt zu erhöhen. Ohne hier auf Details und Differenzierungen näher eingehen zu können, lassen sich die damals zu diesem Problem eingesandten Anfragen und Stellungnahmen in folgenden drei Punkten zusammenfassen:

A. Ein kleiner Teil der Voten möchte das kirchliche Reden und Handeln grundsätzlich und eindeutig orientiert sehen an den Erfahrungen und Einsichten der lateinamerikanischen Befreiungstheologie und des konziliaren Prozesses. Die unterschiedlich gewichteten, aber dennoch immer wieder kehrenden Begriffe dieses Argumentationsmusters sind Aufbruch, Auszug, Umkehr, Verheißung und Leben spendende Hoffnung. Gegen jeden Sach- und Systemzwang geht es um Gottes Gerechtigkeit als leidenschaftliche Parteinahme für die Armen, Unterdrückten, Verachteten und Verfolgten dieser Erde; um Haushalterschaft, Verzicht und Teilen; um Frieden und um die Humanität Jesu. Von hier aus ergibt sich eine radikale Absage an die kapitalistische Marktwirtschaft, an das westliche Wohlstandsmodell und an das damit zusammenhängende sogenannte moderne Menschenbild, dem nur noch Jugend, Leistung, Gesundheit, Fortschritt und Konsum von Bedeutung sind. Daraus folgt: Die Kirchen sollen die zerstörerischen Folgen der weltmarktwirtschaftlichen Ordnung bekämpfen und sich für eine fundamentale Veränderung der Systemstrukturen einsetzen. Dazu müssen sie nach Möglichkeit selber arm werden, ihre Privilegien aufgeben und sich als Basiskirchen beziehungsweise als zivilgesellschaftliche Netzwerke neu organisieren. Dabei geht es nicht mehr um Transformation der vorfindlichen Kirchen, sondern um eine andere Sozialgestalt mit fundamentaldemokratischen Entscheidungsstrukturen, zeichenhaften Ansätzen eines neuen Umgangs mit Grundbesitz, Immobilien und Finanzvermögen (Tauschhandel, Genossenschaften, Hilfsfonds) und alternativen Beschäftigungsmodellen. Zu entwickeln ist darüber hinaus eine Theologie, die nicht nur das schlechte oder das kritische Gewissen der Gesellschaft darstellt, sondern die das sozial-karitative und gesellschaftsdiakonische Handeln der Kirchen radikal zu überbieten und zugleich die Entwicklung einer Kultur der materiellen Einschränkung und des Genug in Gang zu setzen vermag.

B. Auf der anderen Seite des Erwartungsspektrums liegt eine ebenfalls nicht sehr große Gruppe von Stellungnahmen, die den Kirchen jede Kompetenz in Sachen Wirtschaft und Gesellschaft bestreitet und ihnen das Recht abspricht, sich hier mit konkreten Lösungsvorschlägen einzumischen. Der gesellschaftliche Einfluss der Kirchen sei bereits zu groß und das mit negativen sozialen Konsequenzen: Das Engagement der Kirchen für die Schwachen fördere das Anspruchsdenken, ihr Einsatz für Asylanten verstärke die Arbeitslosigkeit, ihre utopischen, weltverbessernden Attitüden verunsicherten Politiker und Tarifparteien usw.. Demgegenüber sollten die Kirchen sich darauf konzentrieren, als moralische Instanzen das Gewissen und das sittliche Bewusstsein des einzelnen in Richtung größerer Opferbereitschaft und Selbstlosigkeit zu erneuern. Die Kirchen haben sich um Personalität und Menschenwürde zu kümmern und sich auf Verkündigung, Seelsorge und die Verwaltung der Sakramente zu beschränken. Als Ideal erscheint die Wiederherstellung eines bibelgemäßen Eigenlebens der Kirchen mit traditioneller Geborgenheit. Hinsichtlich Ihrer äußeren Gestalt erwartet man eine schlanke Kirche, die sich verstärkt moderner Management- und Marketingmethoden bedient. Besonders gewünscht wird, dass sich die Kirchen erkennbar für folgende Werte und Ziele einsetzen: den Gewinn als Quelle von Investitionen und Arbeitsplätzen, Wirtschaftswachstum, Privatisierung, Eigenverantwortung und Realismus. Und schließlich: gerade die Leistungsträger aus Politik und Wirtschaft bedürfen des speziellen Trostes und Zuspruchs der Kirchen.

C. Zwischen den beiden genannten Extrempositionen erstreckt sich zahlenmäßig und inhaltlich ein weites Feld reformerischer Erwartungen und Empfehlungen. Kritisiert wird zum einen die Erscheinungsform beider Kirchen als bürokratisch organisierte Dienstleistungsunternehmen. Man fordert eine grundsätzliche Humanisierung und Demokratisierung der administrativen Verfahren, eine stärkere Ökologieverträglichkeit der Unterhaltung und Bewirtschaftung aller kirchlichen Einrichtungen, einen vorbildlichen Einsatz neuer Technologien und eine ehrlichere Informationspolitik und Öffentlichkeitsarbeit. An die Adresse der Kirchen als Arbeitgeberinnen richten sich hinsichtlich eines zu verbessernden Arbeitsrechts die folgenden Erwartungen:

Einführung von Tarifverträgen, mehr Mitbestimmung, Gleichstellung der Frauen, familienfreundlichere Arbeitszeiten, bessere Aufstiegsmöglichkeiten für Laien, gerechtere Lohn- und Gehaltsstrukturen, Abschaffung geringfügiger Beschäftigungsverhältnisse, Einstellung von mehr Behinderten, flexiblere Ruhestandsregelungen, Teilen von Arbeit, und eine größere Wertschätzung ehrenamtlicher Mitarbeit.

Zum anderen werden die Kirchen als Besitzerinnen und Verwalterinnen von Grundbesitz, Immobilien und Finanzvermögen in die Pflicht genommen. Hier gibt es eindeutige Appelle, das gesamte Finanzgebaren der Kirchen transparenter zu gestalten, Anlagen und Investitionen nur noch nach ethischen Kriterien vorzunehmen, Kapitalgeschäfte ausschließlich über kirchliche Banken abzuwickeln und Zinsgewinne oberhalb des Inflationsausgleichs für soziale Projekte, vornehmlich in der Dritten Welt zu verwenden. Außerdem wird angeregt, verstärkt über alternative Betriebs- und Wirtschaftsformen im Raum der Kirche nachzudenken, so zum Beispiel über Genossenschaften, Stiftungen mit neutralisiertem Stiftungskapital, GmbH`s mit Mitbeteiligung, Fondssysteme und Anlagegesellschaften.

Eine ebenfalls kritische Würdigung erfährt das binnenkirchliche Eigenleben. Hier habe man sich von der Lebenswirklichkeit der Menschen, von ihren tatsächlichen Alltagssorgen und Nöten viel zu weit entfernt. Dadurch sei die Mitgliederakzeptanz zum Dauerproblem geworden. Der Lebensstil der Gemeinden müsse sich deshalb in neuer Weise am Evangelium und am christlichen Menschenbild orientieren. Gefragt seien gegenseitige Achtung, Mitleid, Solidarität, Offenheit, Geduld, Gerechtigkeit, Respekt vor der Schöpfung und Friedfertigkeit ohne Ausgrenzungen und Diskriminierungen. Vorrangig überprüft und verändert werden sollten in diesem Zusammenhang vor allem die herrschenden moralthologischen Grundsätze zu Frau, Familie, Ehe, Scheidung und Sexualität.

Was schließlich das gesellschaftliche Reden und Handeln der Kirchen anbelangt, werden hier eine ganze Reihe sehr unterschiedlicher konkrete Vorschläge entwickelt. Dahinter stehen die Erwartung und die Hoffnung, dass in unserer plural zerfaserten Gesellschaft wenigstens die Kirchen noch in der Lage sind, die vielfältigen partikularen Egoismen, Bedürfnisse und Interessen halbwegs plausibel zu bündeln und zu integrieren. Das wird auch an den verschiedenen, aber doch in eine ähnliche Richtung weisenden Kirchenverständnissen deutlich, die den Eingaben und Stellungnahmen zu Grunde liegen: Kirche als eigener, unabhängiger politisch-gesellschaftlicher Macht-und Einflussfaktor – Kirche als Forum offener gesellschaftlicher Dialoge und Diskurse – Kirche als Hüterin und Garantin des Gemeinwohls – Kirche als universal orientierende Werte- und Sinnagentur – Kirche als Produzentin von Visionen und Zukunftsvorstellungen

– Kirche als verantwortliche Gestalterin einer exemplarisch zeichen- und vorbildhaften konkreten gesellschaftlichen Praxis.

Bei den Beratungen zum Sozialwort war es bis zuletzt strittig, ob denn der Text ein eigenes Kirchenkapitel haben sollte oder nicht und wie dieses Kapitel auszusehen hätte. Einerseits wollten sich die Kirchen den Anfragen des Konsultationsprozesses nicht entziehen, hatten aber andererseits die Befürchtung, im Falle einer positiven Aufnahme einiger Kritiken in das Wort später dann beim Wort genommen zu werden. Wie wir wissen, bekam das Sozialwort ein Kirchenkapitel.

Der Anfang unter „6. Aufgaben der Kirchen" in Ziffer 243 erscheint zunächst ganz mutig und viel versprechend: *„Es genügt nicht, wenn die Kirchen die wirtschaftlichen und sozialen Strukturen und die Verhaltensweisen der darin tätigen Menschen thematisieren. Sie müssen auch ihr eigenes Handeln in wirtschaftlicher und sozialer Hinsicht bedenken. Das kirchliche Engagement für Äußerungen in der Gesellschaft wirkt um so überzeugender, wenn es innerkirchlich seine Entsprechung findet."*

Es folgt ein erster Abschnitt von etwas mehr als einer Seite zum Thema: *„Das eigene wirtschaftliche Handeln der Kirchen."* Unter dem Stichwort *„Die Kirchen als Arbeitgeberinnen"* findet man dort tatsächlich einige Forderungen, wie sie im Konsultationsverfahren erhoben wurden: Die Kirchen haben für familiengerechte Arbeitsverhältnisse zu sorgen, die Gleichstellung von Männern und Frauen zu beachten und Mitsprache und Mitbestimmung ihrer Mitarbeiter umzusetzen. Teilen von Arbeit hat Vorrang vor dem Abbau von Stellen und vor Entlassungen. Unter den Bedingungen knapper werdender Mittel sind Vorschläge zu beachten, die auf maßvolle Gehaltseinschränkungen bei den mittleren und oberen Gehaltsgruppen zielen.

Das war es aber auch schon fast. Nicht ganz klar wird bei diesen knappen Passagen, wer sich hier eigentlich an wen wendet. Sind es die zivilgesellschaftlichen Akteure, die ihre Kirchen ermahnen oder reden die Kirchen unverbindlich zu sich selbst? Ein entlarvender Hinweis steht am Beginn von Ziffer 245. Da heißt es: *„Die Kirchen sind mit ihrer Diakonie und Caritas große Arbeitgeber. In dieser Rolle sind sie – nicht weniger und nicht mehr als andere Arbeitgeber – gefordert …"* Die den Kirchen im Konsultationsprozess angetragene besondere Rolle als christliche Arbeitgeber wird nicht angenommen.

In Ziffer 246 geht es dann um den Einsatz und die Verwaltung kirchlichen Geld- und Grundvermögens. Dabei haben sich die Kirchen am Gemeinwohl zu orientieren und *„ … noch strengere Maßstäbe anzulegen als wirtschaftliche Unternehmen."* Ziffer 247 weist darauf hin, dass sich die Kirchen bei ihrer Bautätigkeit der Verantwortung für die investierten Mittel bewusst sein sollen und dass sie den Kulturaspekt zu berücksichtigen haben. Außerdem findet sich hier der Hinweis: *„Bei kircheneigenen Zweckbauten … ist* *auf Einfachheit der Ausstattung zu achten"* Und schließlich soll, ebenfalls nach Ziffer 247, die Verantwortung für die Schöpfung in allen Bereichen des kirchlichen Lebens wirksam werden.

Was folgt, ist eine ausführliche Selbstdarstellung der Arbeit von Diakonie und Caritas, der Kirchen und Pfarrgemeinden, der Verbände und Hilfswerke als vielfältiger, unermüdlicher Einsatz in Wort und Tat für die Armen, Schwachen und Benachteiligten unserer Erde. In den Ziffern 248 bis 256 dieser Erfolgsgeschichte gibt es lediglich vier Hinweise, die ganz entfernt noch eine Verbindung zum Konsultationsprozess erahnen lassen: Ziffer 250: *„Alles diakonische Tun aber den Gesetzen des Marktes zu unterwerfen, ist weder der Sache noch den Menschen dienlich."* Und ebenfalls in Ziffer 250: *„Diakonische und caritative Arbeit darf sich nicht auf die professionalisierten Dienste beschränken und darf nicht einfach an sie abgegeben werden."* Ziffer 251: *„Die Kirchen erfahren … im eigenen Bereich, welche Konflikte und Schmerzen mit Prioritätsdebatten verbunden sind."* Und noch Ziffer 254: *„Die Predigt muss noch mehr die Lebenswirklichkeit der Menschen aufgreifen und sie im Lichte des Evangeliums und der an ihm orientierten christlichen Sozialethik deuten."*

Das Ende des Kirchenkapitels hält dann in Ziffer 257 noch eine Überraschung bereit. Wie man diese Zeilen verstehen soll, weiß ich nicht. Als Zusammenfassung vieler Voten aus dem Konsultationsverfahren, als damals ernstgemeinte kirchliche Selbstverpflichtung oder doch nur als klerikale Phrasen? Die Ziffer lautet: *„Die Kirchen sollen erfahrbar werden als*

- *Orte der Orientierung, an denen aus dem christlichen Glauben heraus das Fragen nach Sinn und Ziel des menschlichen Lebens und des Lebens der Gesellschaft wachgehalten wird;*

- *Orte der Wahrheit und der realistischen Sicht des Menschen, wo Ängste, Versagen und Schuld nicht vertuscht werden müssen, weil um Christi willen immer wieder Vergebung und Neuanfang geschehen;*

- *Orte der Umkehr und Erneuerung, an denen Menschen sich verändern, auf ihre Mitmenschen und ihre Nöte aufmerksam werden und alte Verhaltensweisen ablegen;*

- *Orte der Solidarität und Nächstenliebe, an denen untereinander und für andere die je eigene Verantwortung bejaht und praktiziert wird;*

- *Orte der Freiheit, an denen erfahren werden kann, dass Freiheit und Bindung, Selbstentfaltung und Verbindlichkeit nicht Gegensätze sind, sondern sich gegenseitig bedingen und genau dieser Bezug für ein gelingendes Leben wichtig ist;*

- *Orte der Hoffnung, an denen Perspektiven gesucht werden für eine sinnvolle Gestaltung gesellschaftlichen Zusammenlebens und an denen bei dieser Suche der Blick über das Heute hinaus geöffnet wird."*

Mit diesem Kapitel 6, dem schwächsten des Sozialwortes waren damals alle unzufrieden. Kritische Selbstthematisierung galt als unchristlicher Solipsismus und hatte den unfeinen Geruch der Nestbeschmutzung. Nur zehn Jahre später haben sich die Dinge völlig verändert. Offensiv heißt es heute: Strukturwandel auf allen Ebenen, Modernisierung ohne Tabus und Wachsen gegen den Trend. Für die evangelische Kirche lauten die dazu gehörenden Stichworte: geistliche und seelsorgerliche Kernvollzüge – Erkennbarkeit und Beheimatungskraft – vergleichbares Anspruchs- und Qualitätsniveau – Profilierung und good practice – Mitgliederorientierung und missionarische Wendung – freie Gemeindewahl und Wettbewerb unter den Gemeindeformen – angebotsorientierte, missionarisch-diakonisch-kulturell ausstrahlungsstarke regionale Zentren – geistliche Kompetenz, Qualitätsbewusstsein und Leistungsbereitschaft – Beteiligung des ehrenamtlichen und nicht-hauptamtlichen Dienstes am Verkündigungsauftrag – Pfarrerberuf als Schlüsselberuf der evangelischen Kirche (theologische Urteilsfähigkeit, geistliche Präsenz, seelsorgerliches Einfühlungsvermögen, kommunikative Kompetenz, Teamfähigkeit, Leistungsbereitschaft, Qualitätsniveau, Verantwortung für das Ganze der Kirche, lebenslanges Lernen und beständige Fortbildung) – Bildungsarbeit als Beheimatung in den Überlieferungen des Glaubens – die Diakonie evangelisch profilieren – Themenmanagement und Agendasetting für die Gesellschaft – finanzielle Solidarität aller Kirchenmitglieder stärken – Reduktion der Zahl der Landeskirchen – Kompetenzzentren, organisatorische Dienstleistungszentren, inhaltliche Qualitätsstandards und gleiche Arbeitsbedingungen durch die EKD.

An den vier Schlüsselbereichen „kirchliche Kernangebote", „kirchliche Mitarbeitende", „kirchliches Handeln in der Welt" und „kirchliche Selbstorganisation", zu denen die illustrierenden Stichworte gehören, entscheidet sich der Weg der Evangelischen Kirche in die Zukunft. Das meint jedenfalls der Ratsvorsitzende der EKD Bischof Huber im Leuchtfeuerpapier der EKD „Kirche der Freiheit. Perspektiven für die Evangelische Kirche im 21. Jahrhundert" aus dem Jahre 2006. Die Lage der Kirche ist ernst, aber nicht hoffnungslos. Gefragt sind Aufbruch, Mentalitätswandel und Reformen. Auf der Grundlage einer „Aufwärtsagenda" will der deutsche Protestantismus die Dekade bis zum Lutherjubiläum 2017 mit frischen Impulsen gestalten. Die Chancen, dass dieses Unternehmen gelingen kann, stehen – so glauben es wenigstens die Leuchtfeuermänner und -Frauen – sehr gut, denn: *„Ein neues, plural geprägtes Interesse für religiöse Fragen bestimmt unsere Gegenwart, das mit dem Stichwort der Wiederkehr der Religion nur grob gekennzeichnet ist. Dieses neue religiöse Interesse muss bewusst als ein besonderes Zeitfens-*

ter für neue Kirchliche Initiativen genutzt werden." Und wenige Zeilen später heißt es im Leuchtfeuerpapier: *„Das aktuelle Zeitfenster für religiöse Fragen entsteht auch durch die radikalisierte Globalisierung der Gegenwart. Die enormen Umwälzungen im wirtschaftlichen und politischen Bereich führen zu großen gesellschaftlichen Umstellungen und erheblichen sozialpolitischen Herausforderungen. Je ungewisser persönliche Lebenssituationen und berufliche Wege werden und je fragwürdiger eingelebte Sinnkonstruktionen und vertraute Ideale von Leistung und Erfolg erscheinen, desto mehr suchen die Menschen nach Sinn und Bedeutung, nach Freundschaft und Liebe, nach Gemeinschaft und Werten."*

Da sage einer noch was gegen die Globalisierung. Weitere Kommentare will ich mir hier verkneifen. Man darf gespannt sein, was die evangelische Kirche nach der Phase ihrer Selbstfindung und Neuaufstellung zu den nach wie vor anstehenden, drängenden Fragen unserer Gesellschaft *inhaltlich* zu sagen hat.

3. Anmerkungen zur Wirkungsgeschichte des Sozialworts im Streit der Meinungen.

Im Dezember 1995, also noch während des laufenden Konsultationsverfahrens beriefen die Deutsche Bischofskonferenz und der Rat der EKD ein achtköpfiges Redaktionsteam, welches den Auftrag erhielt, in Abstimmung mit einem gleichzeitig gebildeten wissenschaftlichen Beirat, das angekündigte zweite, vorläufig endgültige Wort der Kirchen zu erarbeiten. Die fast unlösbare Aufgabe für diese Gruppe bestand darin, die Fülle der schriftlichen Eingaben, die verschiedenen einzelwissenschaftlichen Erkenntnisse sowie die Traditionen und Interessen der beiden Kirchen in einem Kompromiss- bzw. Konsenspapier zu irgendeiner Art von Synthese zu bringen. Nach achtmonatiger Arbeit im Fadenkreuz immer wieder versuchter partei-, organisations- und verbandspolitischer Einflussnahme von außen legte das Redaktionsteam im Herbst 1996 der Bischofkonferenz und dem Rat der EKD einen Textentwurf zur Beratung und Abstimmung vor, den sich die beiden obersten kirchlichen Gremien jedoch nicht zu eigen machen konnten oder wollten. Man betraute einen neuen, vierköpfigen Ausschuss mit der Überarbeitung der Vorlage. Nach intensiven und teilweise schwierigen Diskussionen war es dann Ende Februar 1997 endlich so weit: Der Rat der EKD und die Deutsche Bischofskonferenz stellten ihr gemeinsames Wort „Für eine Zukunft in Solidarität und Gerechtigkeit" der Öffentlichkeit vor. Die Tagesschau vom Abend desselben Tages hatte den Bericht über dieses Ereignis an erster Stelle.

In knappster Zusammenfassung lässt sich die Stoßrichtung des Textes wie folgt beschreiben: Das gemeinsame Wort ist

- eine Absage an neoliberale Wirtschaftstheorien und an das Konzept einer „Marktwirtschaft pur";
- eine Absage an die Privatisierung der sozialen Lebensrisiken, an Sozialabbau und an die Umverteilung der Lasten von oben nach unten;
- eine Absage an den Geist der Entsolidarisierung, der Ellenbogengesellschaft und an alle Formen eines rüden Sozialdarwinismus;
- eine Absage an die Unausgewogenheit der Vermögensverteilung in der Bundesrepublik Deutschland;
- eine Aufforderung zum gerechten Teilen, auch von Arbeit und Einkommen und zur Gemeinsamkeit beim Tragen der Lasten;
- ein Plädoyer für eine Wirtschaftordnung des kooperativen Miteinanders von Ökonomie, Ökologie, Fürsorge, sozialer Sicherung und Sozialkultur, in der der Mensch das Grundmaß ist und nicht der Markt.

Die öffentliche Resonanz war noch stärker als beim ersten Wort. Von fast allen Seiten wurde einhelliges Lob gespendet. In wenigen Wochen konnten mehr als 250.000 Exemplare des Textes verteilt werden und die Kette der Kommentare und Veranstaltungen riss nicht ab.

Im Blick auf die Wirkungsgeschichte des Sozialwortes möchte ich im Folgenden zwischen der binnenkirchlichen, der ökumenischen und der politischen Perspektive, so wie zwischen kurzzeitigen und nachhaltigen Wirkungen unterscheiden.

a. Die evangelisch binnenkirchliche Perspektive

Der Konsultationsprozess hatte sich im evangelischen Bereich nur mühsam durchsetzen können. Es gab Widerstände in den Kammern und in der Kirchenkonferenz. Vor allem den Pfarrern und ihren Gemeinden lagen die Hauptthemen des Prozesses „Arbeitslosigkeit", „Armut", „Sozialstaat" und „Sozialkultur" offenbar ziemlich fern. Selbst einige hauptamtlich mit diesen Themen befasste kirchliche Mitarbeiter hielten eine derartige Einlassung ihrer Kirche für unangemessen. Das änderte sich mit dem Erscheinen des gemeinsamen Wortes gründlich. Leitende Geistliche und Kirchenleitungen bekundeten öffentlich klar und deutlich ihre Zustimmung. Eine wahre Flut von Textbestellungen kam nun auch aus den Gemeinden, viele kirchliche Veranstaltungen und Projekte entstanden erst jetzt und es wurden wie beim Konsultationsprozess ausführliche und fundierte schriftliche Stellungnahmen vorgelegt. In der Industrie- und Sozialarbeit mutierte das Wort zur allgemeinen Geschäftsgrundlage: man benutzte es als Kompendium aller gesellschaftlich relevanten Themen und las es als Strategiepapier zur Eröffnung neuer

Handlungsperspektiven. Auf anderer Ebene führte der Impuls des Sozialwortes zu zwei, wenngleich letztlich gescheiterten Wiederbelebungsversuchen des Evangelisch-Sozialen Kongresses.

Bei Kirchentagen bekam das Wort weiten Veranstaltungsraum und darüber hinaus trug es mit dazu bei, dass die Kluft zwischen Ost und West in der evangelischen Kirche ein wenig verringert wurde. Schließlich beschäftigten sich auch die evangelische Theologie und die evangelische Publizistik mit dem Konsultationsprozess und seinen Resultaten. Eine gute Konkretisierung des Sozialwortes gelang noch der Gemeinsamen Erklärung des Rates der EKD und der Deutschen Bischofskonferenz zur Reform der Alterssicherung in Deutschland aus dem Jahr 2000. Dann wurde es stiller um den Text. Man distanzierte sich zwar nicht ausdrücklich von seiner Gesamtstoßrichtung, aber man ignorierte ihn weitgehend als Text des 20. Jahrhunderts, der im Blick auf die neuen Herausforderungen des 21. Jahrhunderts kaum noch etwas zu bieten hatte. Den vorläufigen Endpunkt dieser Entwicklung markiert die Armutsdenkschrift der EKD aus dem Jahre 2006. Trotz aller Differenzierungsbemühungen der Autoren liest sich dieser Text, so Bernhard Emunds – und ich teile seine Interpretation – „ … in weiten Teilen als eine primär auf Harmonie mit den Funktionseliten bedachte sozialethische Begleitmusik zu Hartz IV." (Vortrag auf der Berliner Tagung „Sozialethik als politische Kraft" , 22/23. März 2007, S. 12) Scharfe sozialethische Einrede und Widerspruch der Evangelischen Kirche gegen das, was sich seit einigen Jahren an politischer Demontage der sozialstaatlichen Sicherungen vollzieht, ist selten geworden. Auch an einer Fortschreibung des Sozialwortes nach dem Vorbild der US-amerikanischen Bischöfe bestand auf evangelischer Seite nie ein ernsthaftes Interesse. Kein Wunder, lauten doch die neuen Leitbegriffe: Protestantismus, Mission, Individualethik und vor allem Strukturwandel im eigenen Haus. So entfaltete ausgerechnet das Kirchenkapitel des Sozialworts – wenn auch in eine andere Richtung – ironischer Weise binnenkirchlich eine sichtbare Langzeitwirkung.

b. Die ökumenische Perspektive

Ohne Übertreibung kann man sagen, das Impulspapier, der Konsultationsprozess und das Sozialwort waren ein ökumenisches Ereignis ersten Ranges. Protestanten in ihren jeweiligen Arbeitszweigen, Verbänden und Gemeinden vor Ort entdeckten neue Möglichkeiten der ökumenischen Zusammenarbeit und sie nutzten sie. Es entstanden nicht nur Kontaktmöglichkeiten und Kooperationen, sondern auch Freundschaften und neue Traditionen des Zusammenwirkens. Ziemlich beeindruckend war, was an Engagement, Intensität und personellen wie finanziellen Ressourcen vor allem von Seiten der verschiedenen katholischen Milieus, aber auch von einzelnen Diözesen und Bischöfen in das Konsultationsverfahren eingebracht wurde. Ebenso bemerkenswert das starke Wir-Gefühl und die große Selbstverständlichkeit und Unbefangenheit, mit der die katholische Seite auf der Klaviatur der Medien zu spielen wusste. Wer dagegen das zögerliche und sparsame Verhalten der eigenen Kirche sah, dem war es manchmal zum Katholisch werden.

Bei der Erarbeitung der Textfassung des gemeinsamen Wortes beschlich einen diese Versuchung allerdings weniger. Hier standen sich die traditionellen Positionen vor allem zu den Reizthemen Kirche, Familie, Rolle der Frau, Subsidiarität, Nachhaltigkeit und öffentlich geförderte Arbeit oft und immer wieder scheinbar unvermittelbar einander gegenüber. Nicht selten passierte es sogar, dass eine am Abend oder spät in der Nacht endlich gefundene Kompromiss- oder Konsensformulierung am nächsten morgen auf wundersame Weise wieder ein streng katholisches oder gut protestantisches Aussehen angenommen hatte.

Gleichwohl ist das Ganze dann doch nicht nur eine Buchbindersynthese geworden, sondern es gelang, die zentralen Anliegen von Katholischer Soziallehre und evangelischer Sozialethik in produktiver Weise ineinander zu fügen. Herausgekommen ist zwar keine „sozialethische Magna Charta", wie dies dem Erfinder des Konsultationsprozesses, Bischof Homeyer eigentlich vorschwebte, aber immerhin ein insgesamt respektabler Entwurf eines ökumenisch-sozialethischen Grundsatzprogramms, ein nützliches Kompendium relevanter gesellschaftlicher Problemstellungen und ein erster Ansatz eines Strategiepapiers gemeinsamen kirchlich-sozialen Handelns.

Dieser Impuls trug eine ganze Weile, wie sich unschwer an einer Vielzahl von ökumenischen Initiativen und Projekten an der Basis, aber auch an den gemeinsamen Stellungnahmen und Texten von Bischofskonferenz und Rat der EKD ablesen lässt. Dann drehte sich der Wind. Sie wissen, warum und weshalb. Heute sind Katholiken und Protestanten, zumindest was die Verlautbarungsebene der Amtskirchen anbelangt eher wieder unter sich. Rekonfessionalisierung nennt man das, glaube ich.

c. Die politische Perspektive

Die konkret politischen Wirkungen, die das Papier ansatzweise hatte, sind schnell genannt. Einigermaßen unstrittig ist der Einfluss des gemeinsamen Worts auf den Beschluss der rot-grünen Bundesregierung, regelmäßig einen offiziellen *Armuts- und Reichtumsbericht* vorzulegen. Das wird unter anderem daran deutlich, dass der Abschnitt „Grundlagen der Berichterstattung" in der Einleitung des ersten Berichts des Bundesministeriums für Arbeit und Sozialordnung aus dem Jahre 2002 ausdrücklich mit einem Zitat aus dem Sozialwort beginnt. (Zitiert wird aus Ziffer 220) Auch die Ausgestaltung des Arbeitslosengeldes II als Grundsicherung und die Regelungen zur Bekämpfung verdeckter Altersarmut entsprechen im Geist den Forderungen des Papiers nach einer *Sockelung der Leistungen aus der Arbeitslosen- und Rentenversicherung.* Wahrscheinlich war die Einführung des *sogenannten Kinderzuschlags* für Erwerbstätige, deren Einkommen zur Versorgung der eigenen Kinder auf Sozialhilfeniveau nicht ausreicht, ebenfalls an entsprechenden Überlegungen des Sozialworts (Ziffern 71, 180, 197) orientiert. Und schließlich gehen manche Kommentatoren von der nur schwer zu beweisenden Annahme aus, dass das gemeinsame Wort der beiden Kirchen in den neunziger Jahren zu jener *Wechselstimmung* beigetragen hat, die 1998 zur Abwahl der Kohl-Regierung führte.

Hinsichtlich seiner zentralen politischen Stoßrichtung muss das Papier jedoch als gescheitert angesehen werden. Die Kernbotschaft war und ist, dass es sich lohnt, den deutschen Sozialstaat in seiner Dreifachstruktur von Versicherung, Versorgung und Fürsorge gegen seine neoliberalen Verächter zu verteidigen und durch Kürzen beziehungsweise durch Umbauen angemessen weiter zu entwickeln. Die wichtigsten Argumente, die damals für den erhaltenden Umbau des Sozialstaates ins Feld geführt wurden sind folgende:

- Der deutsche Sozialstaat liegt deutlich näher an der biblisch-christlichen Option für das Recht aller Menschen auf grundlegende, humane Lebens-, Entfaltungs- und Beteiligungschancen als alle schwundstufigen Gegenkonzepte angloamerikanischer Prägung.

- Prinzipiell und auf Dauer sprechen für den deutschen Sozialstaat die grundgesetzliche Festlegung der Bundesrepublik als demokratischer und sozialer Rechtsstaat, die Gemeinwohlbindung des Eigentums und das Grundrecht auf Menschenwürde als Auslegungsprinzip des Grundgesetzes. Politische Mitwirkungsrechte werden substanzlos, wenn sie nicht durch soziale Grundrechte ergänzt werden.

- Die sozialen Sicherungssysteme sind integraler Bestandteil des Konzepts einer ökosozialen Marktwirtschaft. Dies fordert vom Staat, sich ordnungspolitisch für eine ständige Balance zwischen Wirtschafts- und Gesellschaftspolitik, zwischen Profit und Verteilung, zwischen Effizienz und Humanität, zwischen ökonomischer Rationalität und Umweltverträglichkeit sowie zwischen Wirtschaftsbürger und Staatsbürger zu engagieren.

- Der Sozialstaat ist keine kollektive Zwangsanstalt, durch die individuelle Entscheidungsspielräume eingeengt und verplant werden. Immer war er auch Ermöglichungsgrund und Beschleuniger gesellschaftlicher Individualisierungsprozesse. Die Entwicklung und Erprobung individueller Lebensentwürfe erfordern Systeme verlässlicher Daseinsvorsorge und materieller Sicherung.

- Um an den gesellschaftlichen Möglichkeiten partizipieren zu können, müssen den Bürgerinnen und Bürgern gleiche Lebenschancen zur Verfügung stehen. Das erfordert eine gerechtere Verteilung gesellschaftlichen Reichtums, insbesondere aber Chancengleichheit in Bildung und Ausbildung, Bedarfsgerechtigkeit im Gesundheitswesen und Lebensstandardsicherung durch ausreichende Renten.

- Die sozialen Sicherungssysteme sind nicht nur kostenintensiv, sondern sie erzeugen auch wirtschaftliche Produktivität. Man denke an die positiven Auswirkungen des Gesundheitssystems auf den Faktor Arbeit, an die Vermeidung von Unfällen durch Arbeitsschutz, an die Verbesserung der Qualifikation durch Umschulung oder an die Erleichterung des Strukturwandels durch begleitende Maßnahmen der sozialen Sicherung. Von besonderer Bedeutung ist der Beitrag der Sozialsysteme zur Erhaltung des sozialen Friedens. Und schließlich bilden die sozialen Sicherungssysteme einen riesigen Arbeitsmarkt mit mehreren Millionen Arbeitsplätzen.

- Es ist ein Fehlschluss, davon auszugehen, dass die Arbeitslosigkeit sinkt, wenn die sozialstaatlichen Leistungen zurückgefahren werden. Nicht der Sozialstaat ist zu teuer, sondern die hohe Arbeitslosigkeit.

- Die Notwendigkeit eines Fortbestandes unseres Sozialstaats ergibt sich zudem aus der Tatsache, dass bei zunehmend disparater Geld- und Vermögensverteilung die breite Bevölkerungsmehrheit auch in Zukunft nicht über ausreichende Mittel zur Absicherung ihrer elementaren Lebensrisiken verfügen wird.

Das Sozialwort machte in seinen analytischen Teilen darauf aufmerksam, dass die Normalitätsannahmen der alten sozialen Sicherungssysteme der gesellschaftlichen Realität der neunziger Jahre nicht mehr entsprachen und betonte ihren grundsätzlichen Veränderungsbedarf. Dabei sollten die einzuleitenden Reformen orientiert und legitimiert sein durch einen erst noch zu entwickelnden neuen gesellschaftlichen Grundkonsens. Gleichwohl wurde das Papier von wirtschaftsliberaler Seite als strukturkonservativ und als Dokument der Modernisierungsverweigerung diffamiert.

Auch bei der gleichgesinnten Mehrheit der politischen Entscheidungsträger und der Medienmacher fanden die Warnungen des Sozialworts vor einer radikalen Demontage des Sozialstaats so gut wie kein Gehör. Richtig in Gang gesetzt wurde der Abbau sozialstaatlicher Leistungen dann ironischer Weise von der rot-grünen Bundesregierung, die 1998 vor allem deswegen gewählt worden war, weil viele in ihr den glaubwürdigsten Garanten gegen einen weitergehenden sozialpolitischen Kahlschlag sahen.

Durch das neusozialdemokratische Konzept des aktivierenden Sozialstaats wurden die sozialpolitischen Gegenkräfte weiter geschwächt und die Kirchen trugen das Ihre dazu bei, indem sie das Sozialwort entweder durch Schweigen zu neutralisieren versuchten oder sich offen immer deutlicher davon distanzierten.

Was ist geblieben? Ein zivilgesellschaftliches Projekt von Rang. Die authentische Parteinahme beider Kirchen für die Armen und Kleinen, welche in weiten Teilen der Bevölkerung Zustimmung, bei den herrschenden Macht- und Funktionseliten aber nur ein müdes Lächeln und Verachtung erntete. Und es sind geblieben die vielen ungelösten Probleme, die das Sozialwort auf die Agenda gesetzt hatte: Arbeitslosigkeit, Gleichstellung der Geschlechter, Bildung und Ausbildung, nachhaltiges Wirtschaften, soziale Absicherung pluraler Lebensformen und diskontinuierlicher Erwerbsbiografien, Kinder- und Altersarmut, Pflegenotstand, Integration der Zuwanderer, die Einheit Deutschlands, Europas und der Welt.

Friedhelm Hengsbach SJ.

Armes reiches Deutschland – 10 Jahre Sozialwort
Wohin steuern die Kirchen?

"Deutschland ist im weltweiten Vergleich ein außerordentlich reiches Land", wird in der 2006 veröffentlichten Denkschrift des Rates der EKD zur Armut in Deutschland erklärt. Tatsächlich hat sich das reale Volkseinkommen gemäß einem linearen Trend in 50 Jahren (1949-1999) mehr als verachtfacht. Zwar sind dessen Zuwachsraten pro Dekade tendenziell geringer geworden, aber selbst 1991-2004 ist es noch um fast ein Fünftel gestiegen. Die privaten Haushalte haben 1998-2003 ihr Nettovermögen nominal um 17% aufgestockt. Ihre Nettogeld- und Immobilienvermögen erreichten 2003 ein Niveau von 5 Billionen Euro.

I. Eine verwundete Gesellschaft

Der gesellschaftliche Wohlstand und Reichtum ist ungleich verteilt. Wir leben in einer Dreiviertel-Gesellschaft. Die oberen 5% der Haushalte sind überdurchschnittliche Gewinner bei der Verteilung der zusätzlichen Wertschöpfung und für 70% der Haushalte ist ein Risiko prekären Wohlstands oder der Armut nicht vorhanden. Aber 25% der Haushalte sind einmal, wiederholt, chronisch oder ständig arm.

1. Verfestigte Massenarbeitslosigkeit

Die Aussage des Sozialworts von 1997, dass die anhaltende Massenarbeitslosigkeit in Deutschland und in den anderen Mitgliedsstaaten der EU die drängendste politische, wirtschaftliche und soziale Herausforderung darstellt, gilt auch nach zehn Jahren unverändert. Die Regierenden erklären weiterhin den Abbau der Arbeitslosigkeit zum Erfolgsmaßstab ihrer Politik. Regelmäßig versprechen sie, die Arbeitslosigkeit in überschaubarer Zeit merklich zu senken oder gar zu halbieren - bisher allerdings ohne nennenswerten Erfolg. Das wirtschaftliche Wachstum der letzten zwei Jahre scheint die Lage leicht zu entspannen. Doch sind die Hälfte der seither neu geschaffenen Arbeitsplätze atypische Beschäftigungsverhältnisse Teilzeitarbeit, Leiharbeit und prekäre Arbeit. Außerdem ranken sich politische Legenden um den konjunkturellen Aufschwung, dass etwa die arbeitsmarkt- und sozialpolitischen "Jahrhundertwerke" (Hartz IV) die Belebung auf den Arbeitsmärkten bewirkt hätten.

2. Armutsrisiko

Seit Mitte der 70er Jahre wird in den Industrieländern eine als überwunden erachtete "Armut mitten im Wohlstand" beobachtet. Diese überraschende Feststellung erhält in zeitlichen Abständen jeweils den Namen: "Neue Armut". Anfang der 1970er Jahre hatte Heiner Geißler die Armut der Frauen, Rentnerinnen und Pflegebedürftigen entdeckt. Während der 80er Jahre trat die Arbeitslosigkeit als häufigste Ursache der Armut in Erscheinung. In den 90er Jahren wurde man auf die "Armut der Erwerbstätigen" aufmerksam. Zu Beginn des Jahrhunderts sprach man von der "Infantilisierung" der Armut. Und 2006 wurde das "Prekariat der Abgehängten" identifiziert. 8% der Bevölkerung verfügen über ein geringes Haushaltseinkommen, haben keine finanzielle Rücklagen und leben in großer Ungewissheit, ob sie ihren Lebensstandard halten können.

Über Armut lässt sich nicht wertneutral reden. Sie objektiv messbar zu machen, ist im streng wissenschaftlichen Sinn nicht lösbar. Absolute Armut entspricht einem Leben am physischen Existenzminimum. Aber Armut ist immer relativ. Folglich wird sie sinnvollerweise auf einen durchschnittlichen Lebensstandard der Bevölkerung bezogen. Als Armut der Lebenslagen bezeichnet sie eine mehrdimensionale Menge an Defiziten der Nahrung, Kleidung, Wohnung, Gesundheit und Bildung. "Einkommensarmut" wird als Benachteiligung in Bezug auf ein Durchschnittseinkommen bestimmt. Gemäß einer Festlegung des Rates der Europäischen Gemeinschaft von 1984 gelten diejenigen Personen, Familien und Personengruppen als arm, "die über so geringe (materielle, kulturelle und soziale) Mittel verfügen, dass sie von der Lebensweise ausgeschlossen sind, die in dem Mitgliedsstaat, in dem sie leben, als Minimum annehmbar ist". Der Zweite Armuts- und Reichtumsbericht der Bundesregierung von 2005 verwendet die zwischen den EU-Mitgliedstaaten vereinbarte Definition einer "Armutsrisikoquote". Sie definiert den Anteil der Personen in Haushalten, deren "bedarfsgewichtetes Nettoäquivalenzeinkommen" weniger als 60% des Mittelwerts (Median) aller Personen beträgt. In Deutschland lag 2003 die so errechnete Armutsrisikogrenze bei 938 €. Ein Haushalt, dessen Einkommen um 50% unter dem Mittelwert liegt, ist "relativ arm". Bei 40% des Mittelwerts handelt es sich um "strenge Armut". In diesem Bereich liegt offensichtlich derzeit das Arbeitslosengeld II. Die Armutsrisikoquote ist in Deutschland während der Jahre 1998-2003 von 12,1% auf 13,5% gestiegen. Damit wird ein kontinuierlicher Anstieg der westdeutschen Armutsrisikoquoten von 8,8% (1973) auf 13,1% (1998) fortgesetzt, den der erste Armutsbericht dokumentiert hatte. Für das Jahr 2007 wird mit einer Armutsrisikoquote von 17% gerechnet.

3. Sozialer Ausschluss

In Europa hat die Armut den Namen der "Exklusion" erhalten. Der Begriff des Ausschlusses bezieht sich auf die ökonomische und auf die politische Sphäre, nämlich auf den gleichzeitigen Verlust einer gesicherten Erwerbsarbeit und einer angemessenen Beteiligung am gesellschaftlichen Leben. "Ausschluss" bezeichnet den gesellschaftlichen Endpunkt einer Spiralbewegung nach unten, die bereits in der Sphäre der gesellschaftlich organisierten Arbeit, an der Nahtstelle jener Zonen der "Integration" und der "Verwundbarkeit" beginnt. Beispielsweise werden zuerst Teile einer Belegschaft zu Lohnverzicht und Mehrarbeit genötigt. Ein unbefristetes Arbeitsverhältnis wird in ein befristetes umgewandelt. Ein Teil des Betriebes wird ausgegründet bzw. ausgelagert. Ausgeliehene Arbeitskräfte, die mit den Kernbelegschaften an dem gleichen Projekt arbeiten, erhalten ein Arbeitseinkommen, das unter der Armutsgrenze liegt. Wenn die erwarteten Aufträge ausbleiben und ein Betrieb stillgelegt wird, verhindert zwar das Arbeitslosengeld I zeitweilig einen sozialen Absturz. Aber dieser tritt ein, sobald der Lebensstandard auf das Niveau einer Grundsicherung für Arbeitsuchende (Arbeitslosengeld II) absinkt. Überschuldung, Zwangsräumung der Wohnung, Umzug in ein anderes Wohnumfeld, die Erosion sozialer Netze im Nahbereich etwa der Familie, der Freundschaften und des Wohnviertels markieren die jeweiligen Stufen und Dimensionen einer Ausgrenzung, die im sozialen Ausschluss endet.

4. Prekäre Arbeit

Die Unterschichtung der Erwerbsbevölkerung durch Arbeitslose, Arme und Ausgeschlossene hat erhebliche Rückwirkungen auf die Arbeitsverhältnisse der abhängig Beschäftigten. Die Verhandlungsmacht der Gewerkschaften bei den Tarifverhandlungen ist auf Grund der verfestigten Massenarbeitslosigkeit erheblich geschwächt. Während das Bruttoinlandsprodukt 1991-2006 real um 21% wuchs, sank die reale Nettolohn- und -gehaltssumme um knapp 7%. Den Arbeitgebern ist es seit Mitte der 90er Jahre sogar gelungen, den säkularen Trend einer allgemeinen Arbeitszeitverkürzung umzukehren und eine Verlängerung der allgemeinen Arbeitszeit meist ohne Lohnausgleich zu erzwingen. Zahlreiche Arbeitgeber versuchen, tarifvertragliche Regelungen zu unterlaufen oder sich der Tarifbindung ganz zu entziehen. Im Jahr 2005 waren nur 59% der Beschäftigten von Branchentarifverträgen erfasst, in den neuen Bundesländern arbeiten sogar fast 50% in "tariffreien Zonen". Die schwächere Position der abhängig Beschäftigten hat die Erosion des Normalarbeitsverhältnisses beschleunigt. Im August 2007 bezogen 1,3 Millionen Erwerbstätige, darunter eine halbe Million Vollzeiterwerbstätige einen Lohn, der unterhalb der Armutsgrenze liegt. Trotz des konjunkturellen Aufschwungs lag in Deutschland die Zahl der sozialversicherungspflichtigen Arbeitsplätze 2006 um 1,7

Mio. unter der Zahl von 1993. Gleichzeitig expandierte der Niedriglohnbereich. Knapp die Hälfte der Niedriglohnbeschäftigten leistet Teilzeitarbeit oder hat einen Minijob. Das Niedriglohnrisiko ist auf bestimmte Berufe und Wirtschaftszweige, etwa Friseure, Hotels und Gaststätten, Einzelhandel und Straßenverkehr konzentriert. Für den Gartenbau in Brandenburg gilt 2007 ein tariflicher Stundenlohn von 4,71 €.

5. Politische Deformation der Solidarität

Bürgerliche Eliten, wirtschaftswissenschaftliche Experten und mediengestützte Kampagnen haben 20 Jahre lang einen Feldzug gegen den Sozialstaat geführt und die Schutzregeln abhängiger Beschäftigung sowie die solidarischen Sicherungssysteme denunziert. Die Angriffe richteten sich gegen das "Tarifkartell", das Absprachen zu Lasten der Arbeitslosen und der Allgemeinheit treffe; die überzogenen Lohnforderungen der Gewerkschaften seien für den verstärkten Technikeinsatz, die Arbeitslosigkeit und die Produktionsverlagerungen ins Ausland verantwortlich. Der Sozialstaat sei zu teuer, auf Dauer nicht mehr finanzierbar und fehlgeleitet. Er begünstige eine Mentalität der Selbstbedienung zum Nulltarif und fördere den Leistungsmissbrauch. Um den Kollaps des Gesundheitssystems zu verhindern, seien Praxisgebühren und Zuzahlungen zu den Medikamenten auch für Haushalte mit geringem Einkommen zumutbar. Die solidarischen, umlagefinanzierten Systeme sollten zugunsten einer privaten, kapitalgedeckten Risikovorsorge abgelöst werden.

Die Parlamentarier im Bundestag und Bundesrat haben 2003/04 unter dem Druck von Bundeskanzler Schröder der bürgerlichen Propaganda nachgegeben und mehrheitlich einer tendenziellen Deformation der solidarischen Sicherungssysteme zugestimmt. Unter dem Vorwand, den Sozialstaat umzubauen, wurden systemsprengende Eingriffe beschlossen. Die dreifache Logik dieser Maßnahmen lässt sich so kennzeichnen: Erstens wurden gesellschaftliche Risiken, die sich nicht einem individuellen Fehlverhalten zurechnen lassen, weil sie durch gesellschaftliche Verhältnisse verursacht oder bedingt sind, tendenziell individualisiert. Zweitens wurde die solidarische Absicherung, die eine angemessene und rentable Reaktion auf gesellschaftliche Risiken ist, tendenziell der privaten Vorsorge überantwortet. Drittens wurden wirtschaftlich-soziale Grundrechte etwa auf Arbeit, existenzsichernden Lebensunterhalt und allgemeinen Zugang zu Gesundheitsgütern tendenziell in privat kommerzielle Tauschverhältnisse überführt.

Hartz IV ist für viele zum Symbol für den Ausschluss aus dem Arbeitsmarkt geworden. Die administrative Zusammenlegung von Arbeitslosen- und Sozialhilfe hat die Dualität zweier Regelkreise, einer sozialpolitisch orientierten "Grundsicherung" und einer arbeitsmarktorientierten "Begleitung" nicht ausgeräumt, vielmehr chaotische Reibungsverluste konkurrierender Verwaltungen erzeugt. Dazu war die "bedarfsorientierte Grundsicherung für Arbeitsuchende und ihre Familienangehörigen" von einer gekürzten maximalen Bezugsdauer des Arbeitslosengelds I und verschärften Zumutbarkeitsregeln für die Aufnahme einer Erwerbsarbeit begleitet. Den Einkommensgewinnen der früheren Bezieher von Arbeitslosenhilfe, die in verdeckter Armut gelebt oder ein Einkommen knapp oberhalb der früheren Sozialhilfegrenze bezogen hatten, stehen Einkommensverluste derjenigen gegenüber, die vor der Arbeitslosigkeit ein relativ hohes Einkommen bezogen oder mit einem (voll)erwerbstätigen Partner zusammengelebt hatten. Per Saldo muss mit einer Zunahme von Armut und prekären Einkommenslagen derjenigen Haushalte gerechnet werden, die früher Arbeitslosenhilfe bezogen haben. Eine Nebenarena der durch Hartz IV angestoßenen Verteilungswirkungen sind die mehrfach ausgesetzten oder begrenzt angepassten Regelsätze. Diese orientieren sich an den Ausgaben des unteren Fünftels der nach dem Nettoeinkommen gruppierten EinPersonenHaushalte, werden jedoch mit undurchsichtigen und willkürlichen Abschlägen versehen. Der "Eckregelsatz" spiegelt nicht das Bedarfsniveau der Haushalte mit Kindern und das veränderte Verbrauchsverhalten. Eine dynamische Anpassung an die Lebenshaltungskosten wurde verweigert, die Zuzahlungen für Gesundheitsdienste müssen aus dem Regelsatz bestritten werden. Das politische Ziel war nicht, eine Garantie des sozio-kulturellen Existenzminimus zu verankern, sondern die öffentlichen Haushalte zu schonen.

Die 1 €-Jobs haben den sozialen Ausschluss auf die Spitze getrieben. Aus der Sicht einzelner Langzeitarbeitslosen mag eine solche Chance zu arbeiten dem Nichtstun, dem Verlust eines strukturierten Zeitempfindens sowie der Kontakte mit regulär arbeitenden Kollegen als eine Wohltat erscheinen. Nicht wenige ergreifen sie bereitwillig, selbst wenn die Zeitspanne von sechs oder neun Monaten perspektivlos ist. Andere empfinden sie jedoch als eine entwürdigende Herabstufung vorhandener Kompetenzen und lehnen sie ab. Die Kommunen und Wohlfahrtsverbände bewerten sie verständlicherweise eher positiv. Den positiven Urteilen stehen erhebliche Bedenken gegenüber: Eine präzise Abgrenzung gemeinnütziger, zusätzlicher und solcher Arbeiten, die kein reguläres Beschäftigungsverhältnis verdrängen, wird häufig vermieden. Nicht alle Einrichtungen verfügen über die Kompetenz, so zu qualifizieren, dass der 1 €-Job zu einer Brücke in ein reguläres Arbeitsverhältnis auf dem so genannten ersten Arbeitsmarkt wird. Aus der Sicht der Mitarbeiterinnen und Mitarbeiter stellt sich die Frage, wie sie mit Kollegen umgehen, für die kein Arbeitsvertrag gilt.

Die administrative Durchführung der Hartz IV-Beschlüsse erzeugt Wut und Resignation bei vielen Betroffenen und beschäftigt in zunehmend Ausmaß die Gerichte. Zahlreiche Bescheide zum Arbeitslosengeld II sind unverständlich, fehlerhaft und falsch berechnet - zu Lasten der Antragstellenden. Akten bleiben unerledigt liegen, verschwinden oder werden verzögert bearbeitet. Aggressiven Fallmanagern werden Amtsmissbrauch und Rechtsbruch vorgeworfen, etwa wenn die Bedürftigen durch Callzentren befragt oder durch den Außendienst überprüft werden, wenn man sie zum Wohnungswechsel auffordert, wenn die Beweislast eheähnlicher Partnerschaften umgekehrt oder die Heizkostenpauschale willkürlich festgelegt werden. Eingliederungsvereinbarungen werden schikanös, unter Einsatz von Druck und struktureller Gewalt erzwungen. Arbeitsuchende sollen telefonisch erreichbar sein und ihren Aufenthalt nicht wechseln, ohne die Agentur zu informieren. Sie stehen praktisch unter zeitweiligem Hausarrest. Scharfe Kritik wird schließlich an der Verletzung der Datenschutzbestimmungen geübt. Die Anträge fragen unzulässig sensible gesundheitliche, familiäre und finanzielle Daten ab. Die als Hausbesuche deklarierten, sanktionsbewehrten Wohnungskontrollen verletzen ein Grundrecht. Der automatisierte Datenabgleich ist mit dem gesetzlichen Datenschutz nicht vereinbar. So steht Hartz IV inzwischen nicht nur für wirtschaftliche Verarmung sondern zusätzlich für gesellschaftliche Entrechtung.

6. Funktionsgestörte Finanzmärkte

Nationale Regierungen und die Parlamentarier scheinen von den globalen Finanzmärkten getrieben zu sein, so dass sie keine eigenständigen Entscheidungen fällen. Der frühere Vorstandssprecher der Deutschen Bank, Rolf E. Breuer meinte gar, die Finanzmärkte übten quasi als "fünfte Gewalt" eine unverzichtbare Wächterrolle in der Demokratie aus. Tatsächlich hat der globale Finanzkapitalismus in der Mitte der 1970er Jahre einen qualitativen Sprung gemacht. Mit der Aufkündigung des Bretton-Woods-Systems fester Wechselkurse, dem Währungsverfall des US-$, dem Rohölpreisanstieg und der Umschichtung riesiger Einkommensströme wuchs die Zahl der international operierenden Finanzunternehmen und der Finanzgeschäfte exponentiell.

Mit der politischen Entscheidung für flexible Wechselkurse wurde das Wechselkursrisiko privatisiert. Daraus entstanden kurzfristige und subjektive Erwartungen, die wiederum flatterhafte Kursschwankungen auf den Kredit, Devisen und Wertpapiermärkten auslösten. Sie provozierten hektische Überreaktionen, Ansteckungseffekte, Herdenverhalten und spekulative Attacken gegen abwertungsverdächtige Währungen, die häufig in einen dramatischen Kursverfall mündeten. Wiederholte Immobilien-, Hypotheken-, Banken- und Währungskrisen haben einzelne Volkswirtschaften an den Rand des Ruins getrieben. Die real existierenden Finanzmärkte sind von erheblichen Machtasymmetrien bestimmt. Relativ anonyme Wertpapiermärkte sind an die Stelle von Kreditbeziehungen zwischen Banken und Unternehmen getreten. Großbanken, Versicherungskonzerne und Investmentfonds verschaffen sich - flankiert von kooperativen Ratingagenturen - Informationsvorteile gegenüber atomisierten Kleinaktionären. Riskante, hoch spekulative

Finanzoperationen bieten Renditen, die von Realinvestitionen nicht erreicht werden, so dass diese unterbleiben. Der Wert eines Unternehmens wird nicht mehr durch seinen Markterfolg bestimmt, sondern durch den positiven Saldo zukünftiger Zahlungsströme, den "shareholder value". Das Unternehmen ist Vermögensmasse in den Händen der Kapitaleigner, die Manager werden genötigt, ausschließlich die Interessen der Kapitaleigner zu bedienen und den Börsenkurs nach oben zu treiben.

Die Situation einer Gesellschaft, die durch entfesselte Finanzmärkte und kommerzialisierte Arbeitsmärkte verwundet ist, macht die Diagnosen und Therapien des Gemeinsamen Wortes von 1997 äußerst aktuell. Wie reagieren die Kirchen auf die skizzierten aktuellen Herausforderungen? Sind sie dem glaubenspraktischen Kurs, den sie im Gemeinsamen Wort formuliert haben, treu geblieben?

II. Zehn Jahre Gemeinsames Wort

Als das Gemeinsame Wort veröffentlicht und vorgestellt wurde, war die Resonanz in der Gesellschaft ungewöhnlich groß. Parteien, Gewerkschaften und Arbeitgeberverbände zitierten und kommentierten die ihnen zustimmungsfähigen Diagnosen. Über den politischen Erfolg des Dokuments jedoch sind die Urteile bis heute geteilt.

1. Eine Sternstunde der Kirchen

Die einen sprachen von einer "Sternstunde" der Kirchen. Die Kirchen hätten auf jene gesellschaftlichen Risse aufmerksam gemacht, die das Leitbild einer bewusst sozial gesteuerten Marktwirtschaft verdunkeln. Sie hätten einen entschlossenen Kampf gegen die hohe und anhaltende Arbeitslosigkeit als der gegenwärtig größten politischen Herausforderung verlangt. Und sie hätten sich für Reformen der solidarischen Sicherungssysteme ausgesprochen, einen Systemwechsel und eine "Marktwirtschaft pur" jedoch entschieden zurückgewiesen. Ein unverkennbares Signal aktiver Beteiligung sei indessen die intensive Konsultation der Gemeinden und kirchlichen Gruppen gewesen, die der Redaktion des Dokumentes vorausgegangen war. Nicht am Schreibtisch gelehrter Professoren, sondern im Dialog mit anderen gesellschaftlichen Akteuren seien die Diagnosen und Vorschläge gelingenden Lebens entworfen worden. Ohne die Mitwirkung der Basis hätte das Wort anders ausgesehen, gestand ein katholischer Bischof. Außerdem seien der Konsultationsprozess und das abschließende Gemeinsame Wort ein ökumenisches Signal ersten Ranges und ein Aufbruch beider Kirchen aus konfessioneller Enge gewesen. Allerdings unterscheidet sich die Bewertung in der damaligen Zeit nicht grundsätzlich von dem heutigen Urteil aus der Rückschau. Von den Gewerkschaften und der damaligen Opposition wurde das Dokument positiv aufgegriffen und zitiert.

Die konservativ-liberale Koalition dagegen blieb reserviert. Und die Kirchenmänner, die sich besorgt zeigten, das Sozialwort werde tot gelobt, gaben sich selbst Mühe, es totzuschweigen.

2. Ein Betriebsunfall

Andere haben in diesem ökumenischen Projekt wohl eine Art Betriebsunfall gesehen. Denn ein Wort zu dem zentralen wirtschafts- und sozialethischen Thema, in welcher Gesellschaft die Christen oder diejenigen leben wollen, die in Deutschland ihren Lebensmittelpunkt haben, wurde nicht wiederholt. Das Gemeinsame Wort blieb einmalig und hatte keine Nachfolgerin. Warum wohl? Der Text des Gemeinsamen Wortes war ein anstrengender Kompromiss. Die kirchliche Basis und die Kirchenleitungen stimmten ursprünglich weder in der Beurteilung der Diagnosen noch in den politischen Lösungswegen überein. In der Folgezeit verlagerten sich die hegemonialen kirchlichen Diskurse auf die Theologie und die Liturgie. In diesen Dimensionen theoretischer Reflexion und symbolischer Ästhetik kehrten Kirchenleitungen, bürgerliche Eliten und konservative Medien stärker die Unterschiede hervor. Man suchte das Profil der konfessionellen Identität zu schärfen und zerrieb sich in der Pflege der Distinktion. Waren die einen evangelisch aus gutem Grund, wurden die andern Papst. Die Folgen für die kirchliche Sozialverkündigung blieben nicht aus: Man ging auch in diesem Handlungsfeld getrennte Wege.

3. Die politische Wirkung

Hatte das Sozialwort keine politische Wirkung? Doch. Es trat in eine Zeit, da eine breite Stimmungslage in der Bevölkerung einen Überdruss an der Regierung Kohl signalisierte. Diese Strömung hat es verstärkt und so indirekt zur Ablösung der christlich-liberalen Regierung beigetragen. Anschließend haben Sozialpolitiker unter den Parlamentariern das Gewicht des Sozialworts eingesetzt, um eine Grundsicherung im Alter und einen regelmäßigen Armuts- und Reichtumsbericht gesetzlich zu verankern. Anderseits ist die rot-grüne Koalition unter Gerhard Schröder der zentralen sozialpolitischen Botschaft nicht gefolgt, nämlich wirksame Reformen ohne einen Systemwechsel einzuleiten. Statt dessen hat sie unter dem Vorwand des Bürokratieabbaus systemsprengende Einschnitte bei den Sozialleistungen und eine erhebliche Deformation der solidarischen Sicherungssysteme mutwillig oder fahrlässig beschlossen. Die weitreichenden Reformkonzepte des Gemeinsamen Wortes wurden nicht aufgegriffen - weder gleichwertige Lebensverhältnisse in den neuen und alten Bundesländern zu schaffen, die Wirtschaft ökologisch umzusteuern, Haus- und Familienarbeit aufzuwerten, die Erwerbsarbeit zu relativeren und die gesellschaftlich nützliche Arbeit neu zu begreifen noch die Sicherungsdefizite der Sozialsysteme, die durch die pluralen Lebensformen und die unterbrochenen Erwerbsbiografien verursacht sind, zu beseitigen.

4. Distanz der Kirchenleitungen

Haben die Kirchenleitungen sich von der Botschaft des Gemeinsamen Wortes distanziert? Es hat den Anschein, als seien sie zu den traditionellen Verfahren der Arbeitspapiere, Stellungnahmen und Denkschriften zurückgekehrt, indem sie Wissenschaftlern und Politikern die Redaktion sozialer Botschaften anvertrauen. Ein paar Monate nach der Veröffentlichung des Gemeinsamen Wortes erschien ein Memorandum, das zwar aus angeblich katholischer Sicht eine Reihe beschäftigungspolitischer Vorschläge sammelte, aber tatsächlich die Positionen von Arbeitgebern und neoklassischen Ökonomen aufnahm, wie beispielsweise durch Lohnzurückhaltung, Flexibilisierung der Tarifverträge und eine Lockerung des Kündigungsschutzes die Arbeitslosigkeit bekämpft werden könne. Im Jahr 2003 erhielten prominente Katholiken den Segen der Bischöfe, um ein Impulspapier: "Das Soziale neu denken" zu verfassen. Dieser Text atmet den Geist bürgerlicher Sozialstaatsschelte, die Abkehr von der Verteilungsgerechtigkeit, eine Rhetorik der Eigenverantwortung und die Erwartung eines fördernden Sozialstaats, der die Übernahme von Arbeiten fordert, die weder Sinn noch ein angemessenes Einkommen bieten. Wem diente dieser Seitenwechsel? Vielleicht wollten die Kirchenleitungen den angeblichen Reformen der rot-grünen Koalition den Rücken stärken. Oder sie suchten den Schulterschluss mit den politischen und wirtschaftlichen Eliten - selbst um den Preis, einen vertikalen Riss zwischen den kirchlichen Führungseliten und den Gemeinden oder Verbänden zu riskieren, wie er in Parteien und Gewerkschaften seit längerem zu beobachten ist.

5. Bleibende Aktualität

Ist das Gemeinsame Wort noch aktuell? Mehr als vor zehn Jahren. Denn das Armutsrisiko ist gestiegen und die Arbeitsverhältnisse sind unsicherer geworden. Die Fixierung auf die Erwerbsarbeit hat die Arbeitszeit verlängert, das Arbeitstempo erhöht, Zeitnot und psychische Schäden vermehrt. Die Irrationalität des Finanzkapitalismus, indem der Börsenwert steigt, während der Wert der Arbeit sinkt, wirkt bedrohlich. Die Vereinbarkeit von Familie und Beruf wird einzig den Frauen aufgeladen, nicht den Männern. Eine demokratische solidarische Sicherung, die gesellschaftliche Risiken auch für diejenigen abfedert, die privat nicht vorsorgen können, steht noch aus. Wie eine ökologisch-soziale Marktwirtschaft mit alternativen Verkehrs- und Energiesystemen aussieht, ist nicht klar erkennbar. Hat sich die Debatte über wirksame Reformen, die diesen Namen verdienen, inzwischen aus dem kirchlichen Milieu heraus verlagert?

III. Wohin steuern die Kirchen?

Ich werde zehn Tendenzen kurz skizzieren, die meiner Meinung nach und meist aus katholischer Sicht das derzeitige sozial- und wirtschaftsethische Engagement der Kirchen vorrangig bestimmen.

1. Re-Konfessionalisierung

Die beiden Großkirchen scheinen in eine theoretische Selbstbeschäftigung zu stolpern. Dabei spielen die kirchenpolitische, dogmatisch verbrämte Arroganz der römischen Zentrale sowie die Hörigkeit des deutschen Episkopats eine bedrückende Rolle. Die neueste Erklärung der römischen Glaubenskongregation, die den Kirchen der Reformation zum wiederholten Mal abspricht, Kirchen im eigentlichen Sinn zu sein, klingt selbst mit den abwiegelnden Erläuterungen von Kardinal Lehmann wie eine ökumenische Kampfansage.

Vergleichsweise haben sich die deutschen Bischöfe nicht getraut, dem monokratischen Erlass des polnischen Papstes, die katholische Schwangerschaftsberatung abzubrechen, entschlossenen Widerstand entgegenzusetzen. Weiterhin verfolgen sie das von prominenten Katholiken gegründete Beratungssystem "Donum vitae" und deren Mitarbeiterinnen mit destruktiven und disziplinarischen Sanktionen. Diese angeblich doktrinär begründete, tatsächlich jedoch einer ethischen und damit abwägenden Beurteilung zugängliche Konfliktregelung hat das durch den Glauben motivierte soziale Engagement des Sozialdienstes katholischer Frauen, der katholischen Frauengemeinschaft Deutschlands und einer Fachabteilung der Caritas massiv gelähmt und im Kern zersetzt.

Während der Vorbereitung des ökumenischen Kirchentages in München ist erneut, nachdem in theologischen und liturgischen Fragen keine kirchentrennenden Barrieren mehr erkennbar sind, die Ämter- bzw. Verfassungsfrage zum entscheidenden Kriterium der Kircheneinheit aufgebauscht worden. Die dort erwartete eucharistische Gastfreundschaft wurde bereits im Vorfeld mit vatikanischem Flankenschutz von den deutschen Bischöfen zurückgewiesen. So bleibt die einheitsstiftende Gedächtnisfeier an das letzte Abendmahl Jesu zum einen durch ein extrem zeit- und raumbedingtes Deutungsmuster und zum andern durch die leidige Ämter- und Strukturfrage zugeschüttet. In diesen Trend reiht sich das jüngste Verbot Kardinal Meißners nahtlos ein, multireligiöse Feiern in den Schulen zu verbieten.

2. Beiträge zu den Gerechtigkeitsdebatten

Die Kirchenleitungen haben sich stromlinienförmig an den Gerechtigkeitsdebatten beteiligt, die von den Agenda-Parteien geführt wurden, um die sozial- und arbeitsmarktpolitischen Einschnitte normativ abzusichern. Die Parteien hatten der Bevölkerung nahe gelegt, sich angesichts drängender Globalisierung, demografischer Entwicklung und technischer Veränderungen von der Grundnorm der Verteilungsgerechtigkeit zu verabschieden und an deren Stelle neue Vorstellungen der Gerechtigkeit anzuerkennen, etwa die Chancengleichheit sowie die Leistungs- oder Tauschgerechtigkeit.

Der Rat der Evangelischen Kirche Deutschlands veröffentlichte 2006 eine Denkschrift zur Armut in Deutschland mit der Überschrift: "Gerechte Teilhabe". Der Kampf gegen die Armut dürfe sich nach der Aussage des Dokuments nicht darin erschöpfen, dass der Sozialstaat im Namen der Verteilungsgerechtigkeit materielle Transferleistungen zur Verfügung stellt. Ein unterstützender Sozialstaat solle den Zugang zur Bildung und zum Arbeitsmarkt erschließen und den Armen eine breite Teilhabe an den wirtschaftlichen, sozialen und solidarischen Prozessen der Gesellschaft ermöglichen. Sie sollten in erster Linie dazu befähigt werden, ihre eigenen Lebenschancen zu ergreifen, selbst Verantwortung zu übernehmen, Wege aus der Armut zu suchen und an der Gestaltung der Gesellschaft aktiv mitzuwirken. Die Teilhabegerechtigkeit sei eine Synthese aus Verteilungsgerechtigkeit und Befähigungsgerechtigkeit.

Während der Herbst-Vollversammlung der deutschen Bischofskonferenz 2006 hielt Kardinal Lehmann ein Referat über "Ausgleichende Teilhabe an den Lebensmöglichkeiten der Menschen". Normative Begriffe seien immer situationsabhängig. Sie verlören ihre Plausibilität, sobald sich der Kontext verändert. Folglich empfehle sich eine ethische Reflexion, die nicht bei der Verteilung, sondern beim Tausch beginnt. Die Tauschgerechtigkeit bzw. ausgleichende Gerechtigkeit setze eine elementare Wechselseitigkeit der Subjekte bzw. Partner und eine strenge Äquivalenz der getauschten Güter voraus. Indem man einen sensiblen Tauschbegriff verwendet und Phasenverschiebungen berücksichtigt, könne man die Verpflichtungen von Eltern und Kindern sowie solidarische Leistungen, die aus der Verpflichtung zur Entschädigung resultieren, unter den Begriff: "Ausgleichende Teilhabe" fassen.

Die Erklärungen der kirchlichen Eliten bewegen sich im Hauptstrom der politischen Klasse. Die "Teilhabegerechtigkeit" wird als eine Synthese von Verteilungs- und "Befähigungsgerechtigkeit" stilisiert und die "Tauschgerechtigkeit" als geeignet angesehen, das Leitbild der sozialen Gerechtigkeit abzulösen. Welche Optionen liegen dem Wechsel der Wortwahl zugrunde? Die Wortverschiebung vom Begriff der "Beteiligung" zum Begriff der "Teilhabe" scheint sich durchgesetzt zu haben. Im Wahlmanifest der SPD von 2005 taucht die lyrische Formel der "Teilhabe am Haben und Sagen in einer Gesellschaft und am gemeinsam erarbeiteten Wohlstand" auf. Beteiligungsrechte werden zu Teilhabe-möglichkeiten. "Teilhabe" erinnert an ein idealistisches, feudales Gesellschaftsmodell der Antike und des Mittelalters. Das höherwertige, übergeordnete oder gar vollkommene Wesen lässt die geringerwertigen und untergeordneten Wesen an der Fülle des Wahren, Guten und Schönen teilhaben. Derartige Anklänge finden sich in der Denkschrift der EKD, die das christliche Verständnis der Teilhabe zum einen mit der Teilhabe der Menschen an der Wirklichkeit Gottes begründet sowie mit der aktiven Teilhabe der Glieder des mystischen Leibes Christi an dessen lebendiger Dynamik. Beide Vergleiche hinken, wenn sie als normatives Leitbild einer demokratischen Gesellschaft in Anspruch genommen werden. Erst recht ist die "Befähigungsgerechtigkeit" ein fragwürdiger Grundsatz in einer demokratischen Gesellschaft, der den angeblich fähigen Eliten die sozialpädagogische Funktion zuweist, sozial abgehängte oder gar ausgeschlossene Bevölkerungsgruppen zum aufrechten Gang in der Gesellschaft zu befähigen. Die Empfehlung Kardinal Lehmanns, im Tausch das vorrangige Muster sozialer Beziehungen zu sehen, weil die Menschen sowohl Güter als auch Geschichten, Erkenntnisse und - in Heiratsverträgen - selbst Personen tauschen, und weil die strenge Äquivalenz des Gebens und Nehmens oder der wechselseitige Vorteil den Maßstab der Gerechtigkeit unstrittig definieren, ist nur dann plausibel, wenn die Ausgangsposition der Tauschpartner symmetrisch ist, so dass sie auf gleicher Augenhöhe verhandeln können. Die angenommene geschwisterliche Wechselseitigkeit wird in zahlreichen gesellschaftlichen Sphären jedoch erst durch den Rechts- und Sozialstaat hergestellt. Das Szenario unfreiwilliger Tauschakte zwischen Partnern, die gewalttätig vorgehen (Raub) oder übervorteilt werden (Betrug), so dass Entschädigungsansprüche entstehen, umfasst nur ein nachrangiges Segment der Tauschgerechtigkeit. Die sozialgeschichtliche Rekonstruktion ursprünglicher Familien, Gemeinden oder Arbeitswelten, die nachträglich durch den Staat "enteignet" worden seien und folglich von ihm entschädigt werden müssten, klingt gekünstelt. In arbeitsteilig organisierten kapitalistischen Marktwirtschaften ist der Maßstab der strengen Äquivalenz ebenso wenig präzise zu bestimmen wie der Grundbedarf, der ein menschenwürdiges Leben ermöglicht.

3. Anschluss an die politischen Eliten

Indem die Kirchenleitungen Anschluss an die politischen Eliten suchen, riskieren sie eine Art vertikales Schisma innerhalb der Großkirchen, das tendenziell dichotome Wahrnehmungswelten auf der Führungsebene und in den kirchlichen Gemeinden oder Gruppen erzeugt, die sich immer weniger vermitteln lassen. Ähnliche Tendenzen sind seit einiger Zeit bereits in Parteien, Gewerkschaften und Wirtschaftsverbänden zu beobachten. Die Kirchenleitungen haben die Agenda 2010 und die Hartz-Regelungen zunächst positiv oder gar euphorisch begrüßt , weil angeblich verkrustete Strukturen ruckartig aufgebrochen würden. Sie appellierten an die Bevölkerung, sich angesichts der neuen Herausforderungen nicht an soziale Besitzstände zu klammern, schließlich sei die Erde keine Scheibe mehr. Im Jahr 2002 hatten sowohl der Rat der EKD als auch die Deutsche Bischofskonferenz Stellungnahmen zur Reform des Gesundheitswesens veröffentlicht. Diese enthielten Vorschläge für mehr Wettbewerb, Wirtschaftlichkeit, Verantwortung und Selbstbestimmung auf den verschiedenen Systemebenen. Das dominierende Motiv beider Erklärungen war indessen ein Aufruf zu mehr Solidarität und Eigenverantwortung der Versicherten. Dreh- und Angelpunkt der kirchlichen Reformvorschläge war der mündige, selbstbestimmte Versicherte, der solidarische Leistungen nur dann in Anspruch nimmt, wenn er gleichzeitig zu eigenverantwortlichem Handeln bereit ist. Der blinde Fleck solcher Erklärungen ist darin zu sehen, dass sie Eigenleistungen selbst von Bevölkerungsgruppen verlangen, deren Handlungsmöglichkeiten extrem eingeschränkt waren. Immerhin haben sowohl Bischof Huber als auch Kardinal Lehmann spätestens im Winter 2005 begonnen, die nicht mehr zu vertuschenden negativen Folgen der angeblichen Reformprojekte kritisch zu beurteilen.

4. Verankerung in der bürgerlichen Mittelschicht

Die beiden Großkirchen sind in der bürgerlichen Mittelschicht verankert. Bischof Kamphaus hat es so formuliert, dass manche Teile der Bevölkerung de facto exkommuniziert, aus dem kirchlichen und gesellschaftlichen Kommunikationszusammenhang ausgeschlossen seien. Arme oder Hartz IV-Empfänger würden allenfalls ein Fall für die Caritas sein. Ähnlich wird in der Denkschrift der EKD zur Armut in Deutschland gesagt, dass ärmere Menschen in vielen christlichen Gemeinden wenig oder gar nicht sichtbar sind. Die vermehrte Orientierung am bürgerlichen Milieu, das als vorrangiger Adressat kirchlicher Bildungsarbeit und als erstrangige Ressource kirchlicher Jugendverbände und katholischer Priesterseminare dient, reproduziert Erwartungen, die wenig Sensibilität für eine verwundete Gesellschaft und ein sozialpolitisches Engagement erzeugen, dafür um so mehr auf die spirituelle Innenperspektive gerichtet sind. Geistliche Bewegungen werden von katholischen Bischöfen auch deshalb als Hoffnungsträger gehegt, weil sie an der monarchischen Verfassung der Kirche keinen Anstoß nehmen. Meditation, Gebetsübungen, liturgischer Kult und Rituale, die möglichst im exotischem Ambiente und in unverständlicher, vorwiegend lateinischer und altgriechischer Sprache inszeniert werden und so unterschwellige Herrschaftsansprüche verfestigen und kirchliche Ausgrenzung beschleunigen, bewegen junge Erwachsene und diejenigen, die in kirchliche Führungsaufgaben hinein stolpern, mehr als das Bemühen um eine Glaubenspraxis, deren Außenseite der Einsatz für Gerechtigkeit ist. In der katholischen Kirche wird gezielt für das

Amt des ständigen Diakons geworben, aber nicht mit der Absicht, dass diese Männer den "Dienst an den Tischen" übernehmen und sich um die Armen kümmern, sondern damit sie den bedrohlichen Priestermangel abfedern und sich für liturgische Funktionen verfügbar halten, ohne das klerikale Strukturgehäuse in Frage zu stellen. Selbst dort, wo derartige latente Absichten der Kirchenleitung nicht vorliegen sollten, ist ein liturgisch eingefärbter "Priestersog" bei den ständigen Diakonen zu beobachten.

5. Drakonische Spardiktate

Seit den ersten Jahren des neuen Jahrhunderts haben die meisten Kirchenleitungen rigorose Sparmaßnahmen beschlossen, mit denen ihre Mitglieder konfrontiert wurden. Das auslösende Element für den verordneten Sparkurs war wohl der drastische Rückgang der Kirchensteuereinnahmen. Die empfindlich spürbaren Kirchensteuerausfälle waren vor allem durch die als Jahrhundertwerke inszenierten Steueränderungen der rotgrünen Koalition verursacht, die kirchliche Finanzexperten zunächst widerspruchslos hingenommen hatten. In der Folgezeit wanderten Zeitungsberichte über die Lage der deutschen Kirchen in den Wirtschaftsteil. Kirchengebäude wurden zum Verkauf angeboten, Der Kirchturm des Frankfurter Doms war während der Sanierungsarbeiten mit einer großflächigen Parfümwerbung ummantelt, dem Berliner Bistum drohte gar die Insolvenz.

Was von den Kirchenleitungen als Sparzwang ausgegeben wird, ist kein Sparen im eigentlichen Sinn, also der Verzicht auf gegenwärtige Ausgaben zugunsten zukünftiger Ausgaben oder dauerhafter Vermögensbildung, sondern eine Anpassung der Ausgaben an die Einnahmen, die als dauerhaft rückläufig unterstellt werden. Um indessen ein gießkannenartiges Kürzen und Streichen zu vermeiden, wurden finanzielle und konzeptionelle Prioritäten angekündigt. Bei den katholischen Kirchenleitungen haben die konjunktur- und strukturbedingten finanziellen Einbrüche, die eher bei der veranlagten Einkommensteuer als bei der Lohnsteuer zu vermuten sind, ein zusätzliches Lamento darüber ausgelöst, dass die Zahl der Kirchenmitglieder auffällig sinke und dass die Entwicklung des Priesternachwuchses bedrohliche Ausmaße annehme. Der Diagnose-Mix aus dem Zusammentreffen von finanziellen Engpässen, Mitgliederschwund und Priestermangel führte zu Therapien, die wenig durchsichtig und zu wenig aufeinander abgestimmt waren. Deshalb lösten sie bei den Christen in den Gemeinden und Verbänden Unbehagen und Widerwillen hervor.

Denn die konzeptionellen und finanziellen Entscheidungen wurden in den Ordinariaten allein, ohne Beteiligung der kirchlichen Gemeinden und Gruppen getroffen. Über die Höhe der Rücklagen und kirchlichen Vermögen sowie über die während der konjunkturellen Erholung wieder wachsenden Steuereinnahmen wurde und wird Stillschweigen gewahrt. Zwar wurden neben den Sparkommissionen andere Gremien berufen, die pastorale Konzepte entwerfen sollten - etwa eine Beschränkung auf das kirchliche "Kerngeschäft", das den diakonischen Dienst den liturgischen und kerygmatischen Diensten nachordnet, oder die Konzentration, Fusion und Profilierung pastoraler Funktionen in großräumigen Organisationseinheiten. Allerdings hat sich der Eindruck verdichtet, dass die Restrukturierung der pastoralen Räume ausschließlich nach klerikalen, priesterzentrierten Gesichtspunkten erfolgte. Je weniger Priester als hierarchische Führungskräfte vorhanden waren, umso größer wurden die Räume geplant. Dabei wurde kaum beachtet, dass diejenigen, die derzeit den Priesterberuf anstreben, eher das Talent individueller geistlicher Begleitung mitbringen als die Kompetenz eines kreativen und nüchternen Managers. Auch der pastorale Personalabbau, der von eingeschalteten Beraterfirmen empfohlen worden war, traf in erster Linie Gemeindereferentinnen und Pastoralreferenten und damit gerade die Berufs- und Altersgruppen, denen noch am ehesten ein Zugang zu jüngeren Kirchenmitgliedern möglich ist. Es sieht indessen so aus, als ob ein dogmatisch und haushaltspolitisch verengter Blickwinkel pastorale Erwägungen mit offensiv-missionarischem Charakter weithin verdrängt habe. Zudem sind die isoliert operierenden Bistümer einer vorwiegend betriebswirtschaftlichen Logik gefolgt, die die sozialpsychischen Fernwirkungen in der Wirtschaft und Gesellschaft ausblendet. Die Kirchen haben damit das Sparfieber der gewerblichen Wirtschaft und des öffentlichen Dienstes kopiert.

6. Kirchenmarketing

Damit die Kirchen über die geschlossenen Milieugrenzen hinaus in der gesellschaftlichen Öffentlichkeit stärker präsent würden, sind von professionell operierenden Beraterfirmen Instrumente des Kirchenmarketing entwickelt worden. Die Katholiken bedienten sich der werbewirksamen Sakralgestalt des Papstes und inszenierten attraktive Events für euphorische Massen. Gerade denjenigen Jugendlichen, die als Christen im Schulalltag in eine Minderheitenrolle gedrängt sind, konnte so ein außerordentliches Bad in der Menge Gleichaltriger geboten werden. Die Weltjugendtage versammeln auch außerhalb Europas ein kaufkräftiges und floatendes Publikum, das dem spröden Kolorit des einfachen Lebensstils der Taizé-Gemeinde entwachsen ist. Weitere differenzierte religiöse Bedürfnisse werden mit der Einrichtung von Jugend-, City-, Trauer- und Meditationskirchen bedient und in die kirchliche Sonderwelt hereingeholt. Eine zweite Variante katholischen Kirchenmarketings ist in der Auftragsvergabe einer Sinus-Milieu-Studie erkennbar. Diese soll Informationen und praktische Hinweise liefern, wie verschiedene Zielgruppen der Bevölkerung von der Kirche wirksam erreicht und erfolgreich angesprochen werden könnten.

Die Milieuforschung gruppiert Menschen in erster Linie nicht nach objektiven Lebenslagen, sondern nach subjektiven Überzeugungen, Wertorientierungen und Lebensstilen. Sie fasst Menschen mit ähnlicher Lebensauffassung und Lebensweise, also "Gruppen von Gleichgesinnten" zusammen. Die Milieus bleiben im Zeitablauf nicht stabil, sie verdampfen und entstehen neu. Die "Milieu-Landkarte" des Heidelberger Sinus-Instituts von 2007 zeigt auf der vertikalen Achse drei soziale Schichten, die nach oben und nach unten hin jeweils noch einmal ausdifferenziert sind. Auf der horizontalen Achse sind drei Grundorientierungen, nämlich traditionelle, moderne, postmoderne Werte eingetragen. So lassen sich auf einer Neunfelder-Tafel etwa zehn soziale Milieus räumlich verorten, nämlich die gesellschaftlichen Leitmilieus der "Etablierten", "Postmateriellen" und "modernen Performer", die traditionellen Milieus der "Konservativen", "Traditionsverwurzelten" und "DDR-Nostalgischen", die Mainstream-Milieus der "bürglichen Mitte" und der "Konsum-Materialisten" sowie die hedonistischen Milieus der "Experimentalisten" und "Hedonisten". Die Milieu-Landkarte spiegelt das Ausmaß der sozio-kulturellen Vielfalt der deutschen Bevölkerung. Die fortlaufende Berichterstattung im Zeitablauf belegt, wie rasant und bunt sich die Einstellungen und Lebensstile der Menschen verändern. Allerdings sind die Milieus ziemlich oberflächlich oder gar inhaltsleer etikettiert, teilweise sogar der modischen Semantik der Massenmedien entlehnt und wechseln kurzfristig ihren Namen und ihren Ort im Koordinatensystem. Sie enthalten einen heterogenen Haufen von Merkmalsausprägungen, die nur andeutungsweise mit den objektiven Faktoren Alter, Bildung, Region und beruflichem Status zusammenhängen, ohne dass die relevanten Ressourcen Geld, Wissen, Rangstellung und informelle Beziehungsnetze sowie deren Gewichtung aufgedeckt werden. Die methodisch-wissenschaftlichen Prämissen dieser privaten Marketing-Studie bleiben im Dunkeln.

Als aufschlussreich für die Entscheidungsträger der katholischen Kirche werden drei "Erkenntnisse" herausgekehrt, dass die Kirche im wesentlichen nur in drei schrumpfenden Milieus, bei den Traditionsverwurzelten, den Konservativen und einem Teil der bürgerlichen Mitte verankert ist, dass zwar die Postmateriellen die sozialpastorale Dimension der Kirche würdigen, dass jedoch der Anschluss an die Milieus der modernen Performer, der Hedonisten und der Experimentalisten verloren gegangen ist, denen vor allem jüngere Menschen zugehören. Bedenkenswert wäre allerdings auch, sich zu fragen, welchem Milieu die kirchlichen Entscheidungsträger und Mitarbeiter angehören, welcher Milieuvorliebe sie folgen, welchen Milieus sie Kirchengelder zuweisen und welchen nicht, und welche Milieubarrieren sie dadurch ständig reproduzieren.

Die faszinierende Entdeckung der Milieuforschung zum Nutzen eines erfolgreichen Kirchenmarketings und die Freude über die bunte Fülle der pluralisierten Lebensformen bergen jedoch ein Risiko, dass nämlich die Abhängigkeit der individualisierten, pluralisierten und differenzierten Lebensstile von den objektiven Handlungsressourcen sowie der Zusammenhang zwischen objektiver Klassenlage und subjektiven Einstellungen, der selbst bei einem oberflächlichen Blick auf die Milieu-Karte unverkennbar ist, gar nicht mehr thematisiert und vergessen werden. Im Gegensatz dazu wird, seitdem die sozialen Einschnitte der Agenda-Politik greifen, zunehmend erkennbar, wie sehr die Lebensstile und Überzeugungen von den persönlichen und finanziellen Handlungsmöglichkeiten abhängig sind, über die Menschen verfügen. Während über eine verwundete und zerrissene Gesellschaft debattiert wird, treten hinter der Fassade postmoderner Vielfalt jene vertikal ungleichen Lebensbedingungen sowie die herkömmlichen Schichten und Klassen der Privilegierten und Diskriminierten wieder schärfer hervor. Folglich ist das intensive Interesse des Kirchenmarketings an den Milieus und dessen Desinteresse an den strukturell Deklassierten, den Armen und Ausgeschlossenen nicht auf der Höhe der Zeit.

7. Arbeitgeberin Kirche

Der Kirchenwirtschaft war im Gemeinsamen Wort ein eigener Abschnitt innerhalb des sechsten Kapitels gewidmet, das als Selbstreflexion einer Kirche im Kapitalismus verstanden werden konnte. Die Kirchen sind vor zehn Jahren nicht davor zurück geschreckt, kritische Worte über die Kirchenwirtschaft, insbesondere über die kirchliche Vermögensverwaltung und die Rolle der Kirche als Arbeitgeberin zu formulieren. Die Grundsätze der Gerechtigkeit und Solidarität, die sie den Unternehmern der gewerblichen Wirtschaft und den Arbeitgebern des öffentlichen Dienstes vorhalten, wollten sie, um glaubwürdig zu bleiben, auch gegen sich selbst gelten lassen. Folglich erkannten sie die Verpflichtung an, ihre Arbeitsverhältnisse in der Form flexibler Arbeitszeiten familiengerecht zu gestalten, für einen fairen Umgang mit Mitarbeiterinnen und Mitarbeitern einzutreten, den Grundsatz der Gleichstellung von Frauen und Männern zu beachten und für eine konsequente Umsetzung der Ordnungen zu sorgen, die das Mitsprache- und Mitbestimmungsrecht der Mitarbeitervertretungen regeln. In Zeiten rückläufiger Einnahmen, die zu einem Arbeitsplatzabbau führen, seien soziales Verantwortungsbewusstsein, soziale Phantasie und Flexibilität gefordert, um soziale Härten abzuwenden. So verdienten jene Vorschläge besondere Beachtung, die auf maßvolle Einschränkungen beim Gehalt von kirchlichen Mitarbeiterinnen und Mitarbeitern in den mittleren und oberen Gehaltsgruppen zielen. Wo jedoch einschneidende Sparmaßnahmen unausweichlich sind, müsse dem Teilen von Arbeit der Vorrang vor dem Abbau von Stellen und vor Entlassungen zukommen. Gehaltseinschränkungen und Stellenteilungen sollten allerdings in vernünftigem Rahmen und mit Augenmaß erfolgen.

Solche Erwägungen der Kirchen im Gemeinsamen Wort, dass ihr Engagement für soziale Reformen in der Gesellschaft um so überzeugender wirkt, wenn es innerkirchlich seine Entsprechung findet, sind mehr oder weniger heiße Luft geblieben. Sie haben nicht zu den erwarteten praktischen Konsequenzen geführt. Gute und gerechte Arbeitsverhältnisse sind bei der Arbeitgeberin Kirche nicht der Normalfall. Gute Arbeitsverhältnisse werden gemäß dem Urteil abhängig Beschäftigter, wie eine repräsentative Umfrage aus dem Jahr 2004 ermittelt hat, in drei Dimensionen durch ein festes, sicheres monatliches Einkommen von mindestens 2000 € brutto und durch einen sicheren Arbeitsplatz beschrieben. Außerdem soll Arbeit als sinnvoll und abwechslungsreich erlebt werden; sie soll stolz machen über die eigene Leistung, eher aufrichten als niederdrücken. Und schließlich soll sie durch ein angenehmes Klima, durch eine wohltuende Anerkennung und konstruktive Kritik durch die Kolleginnen und Kollegen, insbesondere durch den Respekt vor der Würde der Arbeitenden durch die Vorgesetzten gekennzeichnet sein. Nun ist nicht ausgeschlossen, dass eine Minderheit kirchlicher Mitarbeiterinnen und Mitarbeiter ihre Arbeit als gut erleben. Die Mehrheit spürt jedoch ebenso schwerwiegend erhebliche Belastungen in der Arbeit - zunehmenden Arbeitsdruck, Personalabbau, Auslagerung von betrieblichen Funktionen und Einrichtungen, Lohnkürzung und unbezahlte Mehrarbeit, Teilzeit- und Leiharbeit, geringfügige Beschäftigung, Werkverträge und scheinselbständige Arbeit.

Gerechte Arbeitsverhältnisse in der Kirche und ihren Einrichtungen sind angesichts des durch kommerziellen Druck verursachten Zerfalls des so genannten Dritten Wegs, der Tarifverträge mit "kirchenfremden" Gewerkschaften ausschließt, immer unwahrscheinlicher. Solange die Kirchen mehr oder weniger den Bundesangestelltentarif (BAT) für die eigenen Arbeitsverhältnisse übernahmen, wurde das Defizit an paritätischer Verhandlungsmacht, das die Dienstnehmerseite in den arbeitsrechtlichen Kommissionen hinnehmen musste, durch die "geliehene" Parität ausgeglichen, die anerkannte Tarifverhandlungen im öffentlichen Dienst auf die kirchlichen Mitarbeiter übertragen konnten. Inzwischen ist jedoch die Einheit der kirchlichen Arbeitsverhältnisse aufgekündigt. Dies gilt für die konfessionelle Zerfaserung des kollektiven Sonderarbeitsrechts in der evangelischen und katholischen Kirche sowie in Caritas und Diakonie. Es gilt aber auch innerhalb der katholischen Kirche. Denn die verfasste Kirche übernimmt weithin den neuen Tarifvertrag des öffentlichen Dienstes (TVöD) zunächst in der Fassung des Bundes, während der Caritasverband dabei ist, die arbeitsrechtliche Regelungskompetenz aufzuspalten - in eine Zentralkommission, die für die Rahmenbedingungen zuständig ist, und sechs regionale Unterkommissionen, in denen die konkreten Arbeitsbedingungen mit möglichen Öffnungsklauseln für einzelne Einrichtungen vereinbart werden. Da gerechte Löhne sich nicht inhaltlich definieren lassen, indem sie etwa am individuellen oder familiären Bedarf oder an einer fiktiven individuellen Leistung gemessen, sondern formal dann als richtig unterstellt werden, wenn sie auf gleicher Augenhöhe zwischen den Mitarbeitern und dem Arbeitgeber ausgehandelt worden sind, stehen jene Vereinbarungen, die auf dem 3. Weg ausgehandelt wurden, unter dem Verdacht, dass ihre Ergebnisse nicht gerecht sind, weil die geforderte Parität der Vertreter der Mitarbeiterseite nicht vorhanden ist. Ihnen fehlen die finanziellen, personellen, rechtlichen und organisatorischen Ressourcen, die der Dienstgeberseite zur Verfügung stehen. Diesen Mangel können auch die kirchlichen Arbeitsgerichte und das geplante, aus kirchlichen Steuergeldern finanzierte Tarifinstitut nicht beheben. Denn solche aus dem Boden gestampften Institutionen eines kollektiven Sonderarbeitsrechts der Kirchen belegen allenfalls, dass kirchliche Finanzmittel für kirchenpolitisch gewollte Zwecke einer scheinreligiös begründeten Dienstgebergemeinschaft mühelos mobilisierbar sind.

8. Kooperative Geiseln Diakonie und Caritas

Caritas und Diakonie haben sich inzwischen in der Funktion kooperativer Geiseln eines "aktivierenden" Sozialstaats eingerichtet. Seit der Einführung der Pflegeversicherung hat der Sozialstaat, der immer mehr die Funktion eines Wettbewerbsstaats übernimmt, indem er öffentliche Aufgaben privatisiert und die Interessen transnationaler Konzerne und globaler Finanzunternehmen bedient, die privilegierte Kooperation mit den Wohlfahrtsverbänden aufgekündigt. Seither sind die diakonischen und caritativen Einrichtungen einem beispiellosen kommerziellen Druck ausgesetzt. Aber sie haben sich auch selbst in eine kommerzielle Falle hinein manövriert. Diese Falle besteht darin, dass sie untereinander und mit anderen Wohlfahrtsverbänden intensiv um so genannte mündige Kunden konkurrieren. Sie bemühen sich um ein unverwechselbares Profil, suchen private Märkte mit hoher Kaufkraft zu erschließen und private Sponsoren zu gewinnen. Betriebswirtschaftliche Steuerungsformen sollen schlummernde Effizienzreserven aufdecken, Kosten und präzis definierte Leistungseinheiten einander zuordnen. Standardisierte Diagnosen und Vereinbarungen über Therapieziele sollen die Entscheidungsprozesse des verantwortlichen Personals beschleunigen. Behäbige Verwaltungsbeamte oder nachsichtige Ordinariatsräte werden durch dynamische, möglichst mit neoklassischer Betriebswirtschaftslehre gefütterte Manager ersetzt.

Die caritativen und diakonischen Einrichtungen sehen sich genötigt, auf den kommerziellen Druck genauso zu reagieren, wie die Unternehmen der gewerblichen Wirtschaft und die Arbeitgeber des öffentlichen Dienstes es tun. Sie geben den wirtschaftlichen Druck von oben oder von außen nach unten oder innen weiter und verschärfen ihn gar. Sie haben das Personal in der Küche, in der Wäscherei sowie in der Reinigung reduziert und die Arbeitsleistung der dort Beschäftigten verdichtet, während sie in der Verwaltung und im mittleren Management neue Stellen einrichteten und die Gehälter in der Führungsebene erhöhten. Sie ersetzten personennahe Dienste durch technische Geräte, lagerten Abteilungen aus, die angeblich nicht zum Kerngeschäft gehören und erpressten die abhängig Beschäftigten, einer Lohnsenkung zuzustimmen und auf bisher gezahltes Weihnachts- und Urlaubsgeld zu verzichten. Die Übernahme neuer Rechtsformen, die Fusion von Einrichtungen sowie die Gründung von Töchtern, die ausdrücklich als Leiharbeitsfirmen konstruiert sind, haben dazu geführt, dass Beschäftigte, die dem kirchlichen Sonderarbeitsrecht unterstehen und durch die MAV vertreten sind, unmittelbar neben und mit anderen zusammenarbeiten, für die dieses Recht nicht gilt, die weder einen Betriebsrat haben, der sie vertritt, noch oft überhaupt einen regulären Arbeitsvertrag.

Aber in den caritativen und diakonischen Einrichtungen, die personennahe Dienste anbieten, macht es wenig Sinn, die personale Kompetenz der Mitarbeiterinnen und Mitarbeiter zu entwerten, indem Folgekosten der "Kundenorientierung" auf sie abgewälzt werden. Deren kommunikative und therapeutische Kompetenz sollte eigentlich vor einer rein betriebswirtschaftlichen Vernutzung geschützt werden. Die Arbeit an den Menschen hat unverwechselbare Merkmale: Sie ist nicht speicherfähig wie ein Auto in der Garage oder ein Kühlschrank im Lager. Sie setzt voraus, dass diejenigen, die sie in Anspruch nehmen, und diejenigen, die sie anbieten, zum gleichen Zeitpunkt kooperieren und voneinander lernen. Das Ergebnis einer solchen Arbeit an den Menschen ist ein aufrechter Gang, eine eigenständige Lebensführung trotz Beeinträchtigungen oder eine Änderung des Lebensstils. Für solche Dienste sind der Respekt vor der Lebenspraxis des Adressaten und das Einfühlungsvermögen in dessen Lebenswelt charakteristisch. Die spezifische Qualität der Arbeit an den Menschen lässt sich nicht unter Zeitdruck und Stress sowie mit unterdurchschnittlicher Entlohnung gewinnen. Sie wird nach anderen Kriterien beurteilt als die Produktivität einer spezifischen Arbeitsleistung pro Zeiteinheit, wie sie sich in der Industrie bewährt hat. Während in der Industriearbeit die Kompetenzen des "Wiegens, Zählens, Messens" gefragt waren, sind in der Arbeit an den Menschen die Kompetenzen des Helfens, Heilens, Beratens und Spielens vorrangig. Solche humanen und kommunikativen Kompetenzen lassen sich kaum aus der Außenperspektive eines neutralen Beobachters, sondern vorrangig durch die begleitende Reflexion des Arbeitsteams und der aktiv Mitwirkenden beurteilen.

An die Stelle eines kommerziellen Rattenrennens um Wettbewerbsvorteile und Lohnkostensenkung wäre eine vierfache Solidarität nötig: Erstens die Solidarität der Mitarbeitenden, die sich gegen die individuelle und wechselseitige religiöse oder emotionale Selbstausbeutung stemmt. Zweitens die Solidarität der Mitarbeitenden mit der Leitung der Einrichtung, um sich durch nichtindustrielle Qualitätsstandards gegen den Druck kommerzieller Wettbewerber zu behaupten. Drittens die Solidarität der verschiedenen Einrichtungen kirchlicher Wohlfahrtsverbände, um einen Verdrängungswettbewerb zwischen Caritas und Diakonie, aber auch zwischen anderen gemeinnützigen Wohlfahrtsverbänden in Grenzen zu halten. Und viertens eine Rückkehr zu der weithin preisgegebenen Anwaltsfunktion zugunsten der Ausgeschlossenen sowie ein gemeinsamer Widerstand der Wohlfahrtsverbände, die ihnen verfügbare Gestaltungsmacht gegen den Sozialstaat in Stellung zu bringen, damit das kurzsichtige kommerzielle Privatisierungsfieber der politisch Verantwortlichen abklingt und soziale Reformen beschlossen werden, die diesen Namen verdienen.

9. Profilierte Engagements der Kirchen

Auch jenseits der bisher kritischen Einschätzung des wirtschafts- und sozialpolitischen Engagements der Kirchen während der vergangenen zehn Jahre, die sich am Gemeinsamen Wort als Maßstab orientiert, sollten mehrere politische Interventionen der Kirchenleitungen genannt und gewürdigt werden. Als erstes fällt das konfessionell nicht gleichrangige Engagement für den Schutz des Lebens am Anfang und am Ende menschlicher Existenz auf. Fragen der Bioethik, des Embryonenschutzes und des menschenwürdigen Sterbens sind fortwährende Themen öffentlicher Stellungnahmen und auch Veranstaltungen in kirchlichen Akademien. Dazu zählen auch die familienpolitischen Interventionen beider Kirchen, die öffentliche Aufmerksamkeit erzeugen und stellenweise die politische Öffentlichkeit erregen. Zweitens ist die Kampagne "Erlassjahr 2000" zu erwähnen, die sowohl in einem kirchenübergreifenden Bündnis mit anderen Bewegungen als auch in einer Vernetzung kirchlicher Führungskräfte und breit mobilisierter Gemeinden und Gruppen bestand. Deshalb war sie relativ erfolgreich. Sie hat einen einen Beschluss der G8 in Köln 1999 zur Entlastung der am höchsten verschuldeten armen Länder erwirkt. Drittens treffen die kirchlichen Hilfswerke Misereor, Adveniat, Missio, Renovabis und Brot für die Welt auf eine breite Zustimmung bei den Christen wie in der Gesellschaft und werden meist vorbehaltlos von den Kirchenleitungen unterstützt. Viertens treten die Kirchen sehr engagiert dem staatlichen Sicherheitswahn, der tendenziell Gruppen von Ausländern, Asylbewerbern und Illegalen zu entrechten sucht, entgegen. Und fünftens ist die Verfassungsbeschwerde der evangelischen Kirche, mit der sie gegen die durch die angebliche Föderalismusreform eröffnete Kommerzialisierung des Sonntags protestiert, eine deutlich wahrgenommene wirtschafts- und arbeitspolitische Einrede.

10. Grenzüberschreitende Bündnisse auf lokaler und regionaler Ebene

Die neu aufgetürmten Risiken konfessioneller Abgrenzung, vertikaler Risse und des wachsenden Drucks der Kommerzialisierung kirchlicher Dienste werden weithin durch Bündnisse kirchlicher Gruppen und Gemeinden mit anderen zivilgesellschaftlichen Akteuren eingedämmt. Sie sind imstande, den Kirchen eine neue Vitalität von unten zu vermitteln. Beispielsweise sind die in den Kommunen von Christen mitgetragenen inzwischen 700 stationären und mobilen Tafeln eine spontane und wirksame Samariterbewegung. Der persönliche Einsatz in Einrichtungen der Schuldnerberatung und Obdachlosenhilfe, in kirchlichen Initiativen der Jugendhilfe und Ausbildungsvermittlung ist oft verbunden mit der intensiven Fürsprache zugunsten von Betroffenen bei befreundeten Amtsträgern, Handwerksmeistern und Pfarrern, die kooperationswillig sind. Die Kirchen- und Katholikentage, deren Attraktivität ungebrochen ist, transportieren aktuelle und brisante Themen in die Zentren kirchlicher und politischer Entscheidungsfindung. Dass sich die Leserinitiative Publik-Forum gegen den kirchensteuerfinanzierten Rheinischen Merkur behauptet, ist ein Beleg für die Gegenmacht, die eine kirchliche Basisbewegung selbst gegen ein feudal-bürokratisches Machtmonopol in der katholischen Kirche mobilisieren kann. Etwa dreißig ökumenisch-kirchliche Einrichtungen und Initiativen arbeiten beim "Jahrbuch Gerechtigkeit" zusammen. Sie haben bisher aus christliche Perspektive drei beeindruckende Analysen über Armut und Reichtum, über Gewalt und Sicherheitspolitik sowie über ein Deutschland, das in Ost und West zerrissen ist, vorgelegt. Und den immer wieder totgesagten und der öffentlichen Wahrnehmung häufig entzogenen kirchlichen Sozialverbänden - KAB, Kolping, Frauenbund oder Frauengemeinschaft, Sozialdienst katholischer Frauen, inzwischen überformte Betriebsseelsorge und kirchlicher Dienst in der Arbeitswelt - gelingen erfolgreiche Bündnisse über den kirchlichen Tellerrand hinaus mit gewerkschaftlichen Bezirksgruppen, Arbeitsloseninitiativen, selbstorganisierten Stadtteilbewohnern und attac. Dass solche Netzwerke politisch erfolgswirksam sind, kann an der Geschichte der wieder aufgelebten "Montagsdemonstrationen" abgelesen werden, die von Magdeburg über die neuen Bundesländer nach Westdeutschland übergriffen und in ungewöhnlichem Tempo in eine parteipolitische Formation mündeten; diese hat mit dem Ergebnis der vorgezogenen Bundestagswahl 2005 die parlamentarische Landschaft der Agenda-Parteien auffällig verändert.

Wohin steuern die Kirchen zehn Jahre nach dem aufsehenerregenden Gemeinsamen Wort zur wirtschaftlichen und sozialen Lage in Deutschland? Der beispiellose Elan, der konfessionelle Grenzen überschritten und Mentalitätsbarrieren zwischen Kirchenleitung und alltäglicher Glaubenspraxis eingerissen hatte, scheint verdampft zu sein. Obwohl die Gesellschaft noch mehr verwundet und zerrissen ist als vor zehn Jahren, weil die wirtschaftlichen Belebung die unteren Bevölkerungsschichten weder von dem massiven Druck der wirtschaftlichen Eliten noch von der Hörigkeit der politischen Klasse gegenüber den Konzernen und Finanzunternehmen befreit hat, haben die Kirchen und ihre Einrichtungen getrennt nicht die Kraft, gegen den Mythos der Kommerzialisierung die Freiheit der Christen und der Nichtchristen in Deutschland zu behaupten. Umso mehr bleibt zu wünschen, dass aus dem Gedächtnis an die Sternstunde der Kirchen und ihres gesellschaftspolitischen und glaubenspraktischen Engagements eine zweite Bewegung des Kirchenvolks entsteht, um die verstreuten Samariter-Initiativen in eine Form wirtschafts- und sozialpolitischer Auflehnung zu sammeln und die Kirchenleitungen zu nötigen, mächtige Anwälte der ausgegrenzten Bevölkerungsgruppen zu bleiben.

Bernhard Emunds

In welchem Sinne das Sozialwort gescheitert ist und warum es dennoch eine Menge bewirkt hat

Vortrag von Bernhard Emunds, gehalten auf der Akademietagung „Sozialethik als politische Kraft" der Evangelischen Akademie zu Berlin, der Katholischen Akademie Berlin und der Ökumenischen Arbeitsgemeinschaft sozialethischer Institute am 22./23. März 2007 in Berlin

Viele Theologinnen und Theologen, Bischöfe und andere Kirchenvertreter gehen eher von einer geringen Wirkung des Sozialworts[1] aus. Auffällig ist, dass die Einschätzung bei denjenigen besonders negativ ist, die dem Gesamtduktus des Sozialworts ablehnend gegenüberstehen. Die Vermutung liegt nahe, dass es einen Zusammenhang gibt zwischen der Distanz der eigenen wirtschafts- und sozialpolitischen Position zur zentralen Botschaft des Sozialworts einerseits und der Wirkungseinschätzung andererseits. Mit den folgenden sieben Thesen werde ich diese Vermutung auch für meine Person bestätigen: Die zentrale „messsage" des Sozialworts halte ich nach wie vor für richtig; zugleich schätze ich die politische Wirkung des Papiers als beachtlich ein.

These 1

Ausgangspunkt für die Konzeption kirchlicher Stellungnahmen zu politischen Fragen kann nicht das Ziel sein, eine möglichst hohe politische Wirkung zu erzielen, sondern nur die Einsicht, dass Christen aufgrund ihres Selbstverständnisses, insbesondere aufgrund der Option für die Armen zu bestimmten politischen Fragen nicht schweigen dürfen.

Kirchliche Stellungnahmen zu gesellschaftlichen und internationalen Phänomenen sind nicht von der Frage her zu konzipieren, wie sie so „erfolgreich" wie möglich werden, d.h. wie sie in öffentlichen Debatten bei politischen Entscheidungen und unter Mitgliedern der Funktionseliten eine möglichst starke Wirkung erzielen können. Am Anfang der Arbeit an solchen Stellungnahmen oder – katholisch ausgedrückt – an Texten der Sozialverkündigung hat vielmehr die Frage zu stehen: Wo sehen wir uns aufgrund unseres christlichen Selbstverständnisses herausgefordert, Entwicklungen zu kritisieren, vor möglichen Fehlentwicklungen zu warnen oder umgekehrt energisch Veränderungen anzustreben?

Zentral für dieses Selbstverständnis ist die Option für die Armen, die man verschieden auslegen kann: als Option für die möglichen Armen der Zukunft, also für diejenigen, deren künftige Lebenschancen auf dem Spiel stehen, als Option für diejenigen, die heute in den Entwicklungs- und Transformationsländern im Elend leben und als Option für die Armen in unserer Gesellschaft heute. Die Ausgangsfrage für kirchliche Stellungnahmen lautet demnach: Welche gesellschaftlichen oder internationalen Strukturen beeinträchtigen Menschen in ihren grundlegenden Lebens-, Entfaltungs- und Beteiligungschancen? Im einzelnen: Wo werden die Lebensmöglichkeiten der Benachteiligten kommender Generationen aufs Spiel gesetzt? Welche Not nimmt den Armen in den Ländern des Südens und des Ostes die Luft zum Leben? Und bezogen auf die Gegenwart unserer Gesellschaft, auf Deutschland bzw. auf Westeuropa heute: Wessen Chancen erfüllenden Lebens und gelingender Beteiligung am Gemeinwesen sind aufgrund gesellschaftlicher Strukturen erdrückend gering? Wer ist arm in unserer Gesellschaft? Wer wird arm gemacht? Welche Armen werden aktuell noch ärmer gemacht? Wem wird durch wirtschaftliche Entwicklungsprozesse und politische Entscheidungen auch noch ein Teil seiner eh schon geringen Entfaltungs- und Beteiligungschancen genommen?

Sinn machen kirchliche Stellungnahmen allein dann, wenn sie primär aus einer solchen Perspektive heraus geschrieben und nicht zuerst und vor allem von dem Wunsch geprägt sind, Anschluss zu finden an den aktuellen Diskurs der Entscheidungsträger. Prägnant auf den Punkt gebracht wurde diese Platzanweisung für die Kirchen 1976 durch die Synode der Deutschen Bistümer. In ihrem Beschluss „Unsere Hoffnung" lesen wir: „Eine kirchliche Gemeinschaft in der Nachfolge Jesu hat es hinzunehmen, wenn sie von den `Klugen und Mächtigen´ (1 Kor 1, 19-31) verachtet wird. Aber sie kann es sich – um dieser Nachfolge willen – nicht leisten, von den `Armen und Kleinen´ verachtet zu werden, von denen, die `keinen Menschen haben´ (vgl. Joh 5,7). Sie nämlich sind die Privilegierten bei Jesus, sie müssen auch die Privilegierten in seiner Kirche sein. Sie vor allem müssen sich von uns vertreten wissen. [...] Wir werden schließlich unsere intellektuellen Bezweifler eher überstehen als die sprachlosen Zweifel der Armen und Kleinen und ihre Erinnerungen an das Versagen der Kirche"[2].

These 2

Kirchliche Stellungnahmen zu politischen Fragen entfalten vor allem dann Wirkung, wenn sie als authentischer Ausdruck des Bemühens von Christen wahrgenommen werden, in der politischen Debatte vernachlässigte Interessen zu vertreten. Weitgehend wirkungslos bleiben Stellungnahmen, bei denen die Autoren primär unter Beweis stellen wollen, dass die (Spitzenvertreter der) Kirchen im Diskurs der politischen und wirtschaftlichen Entscheidungsträger mitreden können.

Bezeichnender Weise werden kirchliche Stellungnahmen vor allem dann politisch wirksam, wenn sie nicht primär auf eine Wirkung in öffentlichen Debatten oder bei politischen Entscheidungsträgern hin konzipiert sind, sondern wenn sie wahrgenommen werden als authentischer Ausdruck des Bemühens von Christen, vernachlässigte Interessen einzubringen. Texte der Sozialverkündigung die vor allem von dem Versuch der Kirchenleitungen geprägt sind, Anschluss zu finden an den Diskurs der Eliten, sind für politisch interessierte Zeitgenossen langweilig und überflüssig, weil sie nur das wiederholen, was sie eh schon allenthalben lesen können. Sie bleiben wirkungslos, denn sie gehen unter im allgemeinen Gebrabbel der sog. politischen Klasse und der veröffentlichten Meinung.

Ende 2003 veröffentlichte eine Kommission der Deutschen Bischofskonferenz den Text „Das Soziale neu denken"[3]. Mitten in einer Zeit, da der deutsche Sozialstaat in den Medien und von vielen politischen Entscheidungsträgern schlecht geredet wurde, präsentierte die katholische Kirchenleitung einen sozialstaatskritischen Text. Innerkirchlich hat das viel Aufsehen erregt. Mancher Katholikin und manchem Katholiken war eine solche Anbiederung an den wirtschaftsliberalen Zeitgeist peinlich. Dass der Text dagegen in der allgemeinen Öffentlichkeit fast völlig unbeachtet blieb, mag etwas mit dem erwähnten Langeweile-Effekt zu tun haben. Für Menschen, die den Kirchen fern stehen, tendierte der Nachrichtenwert dieses Papiers eben gegen Null.

Das Gesagte bedeutet nun aber nicht, dass man Texte der Sozialverkündigung einfach an den Plausibilitäten der Zeitgenossen vorbei konzipieren könne. In der aktuellen Konstellation der politischen Öffentlichkeit in Deutschland ist man dabei mit einem gravierenden Problem konfrontiert: In besonderer Schärfe stellt sich die Frage, an wessen Plausibilitäten die Autoren solcher Texte primär Anschluss suchen sollten; denn die aktuelle Konstellation ist geprägt von einem scharfen Widerspruch zwischen den gesellschaftspolitischen Überzeugungen der meisten Bürgerinnen und Bürger einerseits und denen der Mehrheit der Entscheidungsträger, Journalisten und Publizisten andererseits. Zudem stellt sich die Frage, wie man an gesellschaftliche Plausibilitäten anknüpft – wie man sie kritisch weiter entwickeln, d.h. für vernachlässigte Problemaspekte und verdrängte Interessen öffnen kann.

Zentral für die bisherigen Ausführungen war die Aussage: Der authentische Versuch, in der Debatte wenig beachtete oder ausgegrenzte Interessen zu vertreten, ist eine wichtige Voraussetzung dafür, dass kirchliche Stellungnahmen Aussicht haben, Gehör zu finden. Allerdings dürfte die Einnahme einer solchen Perspektive eine notwendige, aber keine hinreichende Bedingung für eine Sozialverkündigung sein, die in demokratischen Prozessen der Meinungsbildung und Entscheidungsfindung tatsächlich etwas bewirkt. Der zehnte Jahrestag der Veröffentlichung des ökumenischen Sozialworts legt die Frage nahe, ob man von diesem Sozialwort etwas über die Faktoren lernen könne, die für eine vergleichsweise starke politische Wirkung förderlich sind (vgl. These 7). Eine solche Fragestellung setzt allerdings voraus, dass man dem Sozialwort eine solche vergleichsweise starke Wirkung bescheinigen kann. Unumstritten ist sicher, dass das Sozialwort bei seinem Erscheinen im Februar 2007 hohe öffentliche Aufmerksamkeit erregt hat und in den darauf folgenden Wochen und Monaten immer wieder in Analysen und Kommentaren der führenden Medien aufgegriffen wurde[4]. Bereits mit dieser Resonanz hat das Sozialwort größere Wirkung entfaltet als die meisten anderen sozial- und wirtschaftspolitischen Stellungnahmen der deutschen Kirchen. Aber, war das mehr als ein Strohfeuer? Hatte das Sozialwort auch anhaltende Wirkungen auf die öffentliche Debatte und auf politische Entscheidungen (vgl. Thesen 5 und 6)? Um diese Frage beantworten zu können, muss man sich zuerst vor Augen führen, was die zentrale Botschaft des Sozialworts war (vgl. These 3) und welche politischen Forderungen es gestellt hat (vgl. These 4).

These 3

Die zentrale Botschaft des Sozialwortes ist, dass ein grundlegender Systemwechsels vom „Rheinischen" zum angloamerikanischen Kapitalismus weder notwendig noch wünschenswert ist. Es lohnt sich, den deutschen Sozialstaat in seiner Doppelstruktur von „Fürsorge" und „sozialer Sicherheit" zu erhalten und weiter zu entwickeln. Zur Beantwortung der Frage, wie dieser Sozialstaat durch Veränderung bewahrt werden soll, finden sich im Sozialwort Hinweise auf zwei recht unterschiedliche Strategien: „Bewahren durch Kürzen" und „Bewahren durch Umbauen".

Das Profil des Sozialworts wird nur verständlich vor dem Hintergrund des 14-monatigen Konsultationsprozesses. Zur Vorbereitung der geplanten Stellungnahme hatten die Kirchenleitungen ihre Basis und darüber hinaus alle politisch engagierten Bürgerinnen und Bürger eingeladen, über die wichtigsten Aufgaben der Wirtschafts- und Sozialpolitik zu beraten. Dieser Konsultationsprozess bestand im Wesentlichen aus zahllose

Dialogveranstaltungen, bei denen Christen verschiedener Konfessionen untereinander und mit Vertretern anderer gesellschaftlicher Gruppen und politischer Verbände über die Zukunft der eigenen Gesellschaft diskutierten.

Besonders stark hatten sich die gesellschaftspolitisch engagierten Verbände, Gruppen und Initiativen der beiden großen Kirchen in den Prozess eingebracht. Deshalb erschließt sich das besondere politische Profil des Sozialworts vor allem dann, wenn man es als ein Kompromiss zwischen diesen sozialkirchlichen Milieus und den Kirchenleitungen deutet. Beide Seiten waren sich Mitte der 90er Jahre in der politischen Perspektive einig, die Grundstruktur des deutschen Sozialstaats, insbesondere seine zweifache Ausrichtung auf „Fürsorge" und „soziale Sicherheit", zu bewahren. Der von falschen Konnotationen keineswegs freie Begriff „Fürsorge" steht dabei für die Aufgabe einer Mindestsicherung, die allen Gliedern der Gesellschaft bei Ausfall anderer Einkommensquellen ein Leben unter menschenwürdigen Bedingungen ermöglichen soll; bis zur Einführung des Arbeitslosengelds II war die Sozialhilfe das wichtigste Instrument der Fürsorge. Der Begriff „soziale Sicherheit" bezeichnet dagegen die Aufgabe, den Erwerbstätigen zu helfen, ihren einmal erarbeiteten Lebensstandard auch bei vorübergehender Arbeitslosigkeit bzw. Erwerbsunfähigkeit und im Alter weitgehend erhalten zu können; dieser Aufgabe vor allem dienen die Sozialversicherungen.

Die Rechtfertigung dieses doppelt ausgerichteten Sozialstaats gegenüber seinen – bereits in den 90er Jahren zahleichen – radikalen Kritikern ist die zentrale Botschaft des Sozialworts. Zur deren sozialethischen Absicherung bietet das Sozialwort eine mindestens vierfache Verteidigungslinie auf: Der Sozialstaat entspricht nicht nur dem Leitbild der (öko-) sozialen Marktwirtschaft (143), sondern ist auch im Interesse der Wohlhabenden, in dem er z.B. die Bereitschaft der Bürgerinnen und Bürger erhöht, wirtschaftliche Risiken einzugehen (133; vgl. 135, 146). Darüber hinaus spiegelt der Sozialstaat die Einsicht in den inneren Zusammenhang zwischen den verschiedenen Gruppen von Menschenrechten wieder (132f.). Individuelle Freiheitsrechte (z.B. die freie Berufswahl) und politische Mitwirkungsrechte werden substanzlos, wenn sie nicht durch soziale Grundrechte ergänzt, also z.B. durch den Zugang aller Bürgerinnen und Bürger zu soliden Bildungseinrichtungen und durch eine Absicherung gegen Armut und rapiden sozialen Abstieg untermauert werden. Schließlich nimmt der Sozialstaat die wichtige Aufgabe wahr, die Demokratie, also die Beteiligung der Bürgerinnen und Bürger an der Regelung der sie betreffenden Angelegenheiten, materiell abzusichern (137).

Jenseits dieser gemeinsamen politischen Grundaussage aber lagen die Vorstellungen der Kirchenleitungen einerseits und der sozialkirchlichen Gruppen andererseits ziemlich weit auseinander. Bei der Redaktion des Textes standen sich vor allem die Überzeugung „Bewahren durch Kürzen" und die Überzeugung „Bewahren durch Umbauen" gegenüber. Beide Linien spiegeln sich im Text des Sozialworts wider[5]. Einflussreiche kirchenamtliche Akteure setzten auf die Strategie, den Sozialstaat im Kern dadurch zu erhalten, dass durch Kürzung oder Streichung einzelner Leistungen der sozialstaatliche Finanzierungsbedarf reduziert wird. Die sozialkirchlichen Segmente dagegen befürchteten, dass es bei solchen Entscheidungen doch zu einer Erosion der sozialen Sicherungssysteme kommen würde, und befürworteten statt dessen einen Umbau des Sozialstaats: Durch eine Sockelung der Rentenzahlungen und des Arbeitslosengelds sollte z.B. erreicht werden, dass die Sozialversicherungen den pluralen Lebensformen und unterbrochenen Erwerbskarrieren von heute besser gerecht werden. Die für diese Modernisierung benötigten zusätzlichen Finanzmittel sollten teils aus Steuereinnahmen, teils durch Reduktion besonders hoher Rentenansprüche bereitgestellt werden (179, 186, 188, 191).

These 4

Obwohl das Sozialwort gegen einen fundamentalen Systemwechsel zum angloamerikanischen Modell plädiert, ist es nicht als Bestätigung des alten politischen Konsenses Westdeutschlands zu lesen. Vielmehr ist das Papier in weiten Teilen ein Aufruf zu Reformen, durch die der deutsche Sozialstaat den veränderten Lebensverhältnissen in einer veränderten Gesellschaft angepasst werden sollte.

In einem Beitrag für die Frankfurter Rundschau hat Prof. Dr. Gerhard Wegner das Sozialwort als ein Papier von gestern – um nicht zu sagen: von vorgestern – gewürdigt, das in den aktuellen Herausforderungen der Bundesrepublik nicht mehr als Orientierungshilfe dienen kann: „Der Text von 1997 ist geprägt vom korporativen Geist des Konsenses über ein deutsches Wirtschafts- und Sozialmodell, das der Herstellung von Gerechtigkeit und Solidarität, basierend auf den "zwei Säulen" einer leistungsfähigen Wirtschaft und einer umverteilenden Sozialpolitik, dient. (...). Wichtige Herausforderungen durch die Globalisierung werden zwar benannt, prägend ist diese Problematik aber nicht. Auch die Folgen der Tatsache, dass die Wiedervereinigung Deutschlands über Jahrzehnte erhebliche Ressourcen binden würde, wurden damals noch nicht in voller Tragweite gesehen. Alles trägt den Stempel der positiven Erfahrungen mit dem westdeutschen Weg der "Sozialen Marktwirtschaft" seit dem Zweiten Weltkrieg und rechtfertigt seine Ausdehnung auf das wiedervereinigte Deutschland. Ordnungspolitisch hätte im Kern eigentlich alles so weitergehen können"[6].

Ich bezweifle, dass die Herausforderungen der deutschen Wirtschafts- und Sozialordnung heute wirklich von denen des Jahres 1997 grundverschieden sind. Die wirtschaftlichen Probleme der fünf neuen Bundesländer waren 1996/97 bereits überdeutlich und werden im Sozialwort ausführlich behandelt (56-59, 66, 73, 144). Sieht man einmal von dem Sonderproblem ab, dass das deutsche Finanzsystem seit ein paar Jahren einen fundamentalen Transformationsprozess durchläuft[7], unterscheidet sich die Integration Deutschlands in die Weltwirtschaft heute kaum von der in den 90er Jahren. Eher heftiger als heute wurde die politische Öffentlichkeit in den 90er Jahren von Globalisierungs- und Standortdebatten heimgesucht. Bei der Redaktion des Sozialwortes war den Beteiligten klar, dass die Pro- und Kontra-Argumente dieser Debatten ausführlich aufgegriffen und behandelt werden müssen; das ist dann ja auch geschehen (vgl. 63-65, 84-90, 147, 161-165). Zugleich haben sich die verschiedenen, mit der Erstellung des Sozialworts betrauten Gremien bewusst dagegen entschieden, bei der Analyse der deutschen Situation den Angst-Argumenten – die gleichermaßen von radikalen Globalisierungskritikern wie von wirtschaftsliberalen Globalisierungsbefürwortern geäußert werden – im Sozialwort breiten Raum zu geben. Zu gut war und zu gut ist die Position der deutschen Unternehmen auf den Weltmärkten, als dass man unsere Beschäftigungsprobleme primär als weltwirtschaftlich verursacht begreifen könnte!

Die These, das Sozialwort sei 1997 eine hilfreiche sozialethische Orientierung der Wirtschafts- und Sozialpolitik gewesen, passe aber nicht mehr zu den Herausforderungen von heute, vermag also nicht zu überzeugen. Grundlegend geändert hat sich die Debattenlage – wirtschaftsliberale Positionen sind dominant geworden. Eine wenig tiefgreifende Veränderung ist dagegen für die wichtigsten wirtschafts- und sozialpolitischen Problemlagen zu konstatieren. Das bedeutet natürlich nicht, dass heute einige wirtschafts- und sozialpolitische Aufgaben klarer oder nachdrücklicher formuliert werden müssten, als dies 1997 im Sozialwort geschah. Zu diesen Herausforderungen zähle ich die Ausdehnung der Solidarität der Arbeitnehmer in den Gesetzlichen Sozialversicherungen zu einer Solidarität aller Bürgerinnen und Bürger[8], die Überwindung prekärer Beschäftigungsformen, die lange Zeit zu gering eingeschätzte Bedeutung gezielter individueller Fördermaßnahmen für Langzeitarbeitslose, die gesellschaftliche Herausforderung eines steigenden Pflegebedarfs oder die Aufgabe, die Sozialstaatlichkeit der kontinentaleuropäischen Länder auf EU-Ebene z.B. durch Beschränkung des Steuerwettbewerbs abzusichern. Aber mit diesen neuen oder heute stärker in den Vordergrund tretenden Aufgaben wird die sozialpolitische Grundtendenz des Sozialworts nicht obsolet.

Gegen die Sicht, dass das Sozialwort in zehn Jahren vorzeitig gealtert ist, spricht auch, dass der Wunsch, das Papier für die Gegenwart fortzuschreiben – bzw. es mit Blick auf die Gegenwart zu revidieren – genauso alt ist, wie das Sozialwort selbst. So stellte z.B. die Kommission VI der Deutschen Bischofskonferenz bereits 20 Monate nach der Veröffentlichung des Sozialworts, nämlich kurz nach der Bundestagswahl 1998, das von einer „Expertengruppe" verfasste Memorandum „Mehr Beteiligungsgerechtigkeit" vor.

Darin wird im ersten Absatz bestätigend auf das Sozialwort Bezug genommen, das zu Recht die beiden Aufgaben Bekämpfung der Arbeitslosigkeit und Reformen des Sozialstaats betont habe. Dann heißt es weiter: „Nachfolgend sollen aus Anlaß der anstehenden politischen Neuorientierung einige Notwendigkeiten präzisiert werden, die nach Auffassung der Verfasserinnen und Verfasser vordringliche Berücksichtigung erfordern"[9]. Sieht man einmal von der sinnvollen Zuspitzung des Konzepts „Soziale Gerechtigkeit" auf „Beteiligungsgerechtigkeit" ab, ist das, was das Memorandum in neun Thesen als eine „Präzisierung" des Sozialworts entfaltet, nichts anderes als ein Versuch seiner wirtschaftsliberalen Revision.

In der aktuellen Debatte über die Eignung des Sozialworts als Orientierungshilfe geht es nicht darum, dass das Sozialwort für eine völlig andere Situation geschrieben wäre, in der die heutigen Herausforderungen der deutschen Wirtschafts- und Sozialpolitik noch nicht sichtbar gewesen wären. Sondern es geht um einen Streit zwischen zwei Positionen der Wirtschafts- und Sozialpolitik, die sich diametral widersprechen[10], um ein Spektrum zwischen diesen beiden Positionen und um die problematische Aufgabe der Positionsbestimmung in diesem Spektrum – eine Aufgabe, der sich auch die Autorinnen und Autoren kirchlicher Stellungnahmen zur Wirtschafts- und Sozialpolitik nicht entziehen können. Es geht darum, welche Probleme man als vordringlich ansieht und welche Reformstrategien man für zielführend und ethisch vertretbar hält.

Ähnlich wie heute der sozialethische Begleitschutz für die „neue" Sozialdemokratie, die sich den aktivierenden Sozialstaat auf die Fahnen geschrieben hat, haben vor zehn Jahren die Befürworter eines wirtschaftsliberalen Umbaus der deutschen Gesellschaftsordnung wie z.B. der Ökonom Carl Christian von Weizsäcker die Position des Sozialworts als im schlechten Sinne „konservativ" abgestempelt. Als „strukturkonservativ" galt ihnen schon damals das Bekenntnis des Sozialworts zu einer Weiterentwicklung des „Rheinischen Kapitalismus" im allgemeinen und des deutschen, auf „Fürsorge" und „soziale Sicherheit" angelegten Sozialstaats im besonderen[11].

Eine solche Interpretation des Sozialworts als Aufruf zur Modernisierungsverweigerung ist aus meiner Sicht völlig verfehlt; denn sie übersieht das dezidiert reformpolitische Profil des Sozialworts; sie übersieht dieses Profil vermutlich, weil sie nur die eigenen, meist am angloamerikanischen Modell orientierten reformpolitischen Vorstellungen als Reformen begreift und deshalb den Unterschied zwischen dem „alt-Rheinischen" Konsens der 50er, 60er und 70er Jahren und „neu-Rheinischen" Reformvorstellungen nicht wahrnehmen kann.

Im Vergleich zu der Diskussionsgrundlage, die 1994, am Anfang des Konsultationsprozesses, veröffentlicht worden war[12], kommen in dem Sozialwort sehr deutlich „neu-Rheinische" Reformvorstellungen zum Ausdruck. Aus Sicht vieler sozialkatholischer und sozialprotestantischer Gruppen waren in dieser Diskussionsgrundlage die Probleme der deutschen Wirtschafts- und Sozialordnung, vor allem die Benachteiligung der Frauen, die ökologischen Schäden, die Probleme in Ostdeutschland sowie die Sicherungsdefizite des Sozialstaats, nicht ausreichend deutlich zum Ausdruck gekommen. Diese Gruppen gingen deshalb vor allem mit einem Ziel in den Konsultationsprozess: Der endgültige Text des Sozialworts solle die Krise des Landes nicht klein reden. Vor allem gehe es nicht darum, den deutschen Sozialstaat in seiner überkommenen Form zu bewahren, sondern um energische Reformen, durch die die gravierenden Defizite vor allem auf der Leistungsseite behoben werden sollten. Dieser Bedarf an grundlegenden Reformen müsse klar zum Ausdruck kommen.

In diesem Bestreben waren die Gruppen aus den beiden sozialkirchlichen Milieus vergleichsweise erfolgreich; denn das Sozialwort hebt den grundlegenden Veränderungsbedarf deutlich hervor. Es findet klare Worte zur Krise in Ostdeutschland (19, 28-31, 36, 41, 58f., 66, 150, 209-214) und zu der Herausforderung einer ökologischen Umsteuerung der Wirtschaft (32, 78-81, 122-125, 148f., 224-232, 239). Es problematisiert die ungerechte Verteilung der Haus- und Familienarbeit zwischen den Geschlechtern, die auch die Teilnahme der Frauen an der Erwerbsarbeit massiv beeinträchtigt (vor allem 54f., 75, 145, 153, 172f., 193f., 201-203, vgl. 42, 200). Es stellt heraus, dass der Erwerbsarbeit in unserer Arbeitsgesellschaft ein zu hoher Stellenwert eingeräumt wird und „befristet" insofern das ethische Anrecht auf Erwerbsarbeit auf jene Zeiten, in denen die arbeitsgesellschaftlichen Strukturen noch fortbestehen (16, 51, 151-155, 168, 176, 202). Es benennt eklatante Sicherungsdefizite im Sozialversicherungssystem, die zu Armut führen, und stellt heraus, dass diese Lücken entstanden sind, weil die Normalitätsannahmen des Systems der gesellschaftlichen Realität der 90er Jahre nicht mehr entsprechen (75, 147, 153, 158, 168, 193f.): Weder die kontinuierliche Vollzeiterwerbstätigkeit des Mannes, noch die „full time" Dienstverpflichtung der Frauen zur unentgeltlichen Haus- und Familienarbeit können in den 90er Jahren als „normal" vorausgesetzt werden. Anders als in den 50er, 60er und 70er Jahren ist weder die bis zum Tode eines Partners fortgeführte Ehe, noch die Bereitschaft, zwei oder mehr Kinder groß zu ziehen, die Regel. So rief das Sozialwort zu Reformen auf, vor allem zu einem grundlegenden Umbau des Sozialstaats. Wie bereits in These 3 erwähnt, schlug es z.B. vor, die Leistungen der Renten und der Arbeitslosigkeit zu „sockeln" und dies durch Reduktion der Leistungen für vergleichsweise wohlhabende Versicherte und über Steuern zu finanzieren.

Diese Reformen sollten orientiert und legitimiert werden durch einen „neuen Grundkonsens" (166), der zwar an den alten Sozialstaatskonsens der Bundesrepublik anschließt, diesen aber in bezug auf das Zusammenwachsen von Ost- und Westdeutschland, die Gleichstellung der Geschlechter, eine vorsichtige Relativierung der Erwerbsarbeit, nachhaltiges Wirtschaften sowie eine soziale Absicherung pluraler Lebensformen und diskontinuierlicher Erwerbsbiographien fortentwickelt. Dieser Grundkonsens einer Gesellschaft, in der die Bürgerinnen und Bürger künftig gerne leben wollen, befindet sich – so die Perspektive von 1997 – in einem Entstehungsprozess; er ist noch „in statu nascendi" und die Kirchenleitungen bemühen sich mit dem Sozialwort, insbesondere mit dem zentralen Kapitel 4 („Grundkonsens einer zukunftsfähigen Gesellschaft") um eine sanfte Geburtshilfe.

Zusammenfassend können wir festhalten: Auch beim Thema „Sozialstaat" geht es dem Sozialwort um grundlegende Reformen; es sind eben nur andere Reformen, als sie den wirtschaftsliberalen Befürwortern einer Übernahme des angloamerikanischen Modells oder den neu-sozialdemokratischen Vertretern des aktivierenden Sozialstaats vorschweben!

These 5

Das Sozialwort hat offenbar zu jener Wechselstimmung beigetragen, die 1998 zur Abwahl der konservativ-liberalen Regierung führte. Misst man es jedoch an seinem zentralen Anliegen, dass es nicht zu einer Erosion oder politischen Demontage des deutschen Sozialstaats kommen möge, so muss man es aus heutiger Sicht als gescheitert bezeichnen.

Der Einfluss eines einzelnen Textes der Sozialverkündigung auf gesellschaftliche und politische Entwicklungen ist schwer abzuschätzen. Gerade Vertreter der Kirchen – und damit auch Sozialethikerinnen und Sozialethiker – stehen in Gefahr, die Wirkung solcher Kirchentexte weit zu überschätzen. Trotzdem: In den Jahren 1997 und 1998 ist das Sozialwort immer wieder als offizielle Verlautbarung der beiden großen Kirchen, als mutige kirchliche Stellungnahme in schwierigen Zeiten gewürdigt worden. Im Bundestagswahlkampf haben sich Politikerinnen und Politiker vor allem der SPD vielfach auf den Text bezogen. Er galt ihnen als kirchliche Bestätigung ihrer Kritik an der Sozialpolitik der Kohl-Regierung. Von daher liegt es nahe anzunehmen, dass das Sozialwort faktisch zu jener Wechselstimmung beigetragen hat, die 1998 zur Abwahl der konservativ-liberalen Regierung führte[13]. Ein solcher Einfluss, dessen Umfang nicht zu klären sein dürfte, war sicher nicht im Interesse der meisten Vertreter der Kirchenleitungen; er war auch nicht von denjenigen intendiert, die das Sozialwort geschrieben haben.

Zugleich muss jedoch festgehalten werden: Gemessen an den im Sozialwort niedergelegten Zielvorstellungen für die deutsche Politik, vor allem gemessen an den Zielvorstellungen für die in dem Papier zentrale Sozialpolitik ist das Sozialwort gescheitert: Die

Erosion bzw. allmähliche politische Demontage der sozialstaatlichen Sicherungen ist in den letzten zehn Jahren erheblich fortgeschritten. Die Demontage wurde gerade von jener rot-grünen Bundesregierung zügig vorangetrieben, die 1998 von vielen auch mit dem Ziel gewählt worden war, einen solchen Abbau des Sozialstaats zu verhindern. Ein Beispiel für die schrittweise Demontage ist der Beschluss, das Leistungsniveau in der Gesetzlichen Rentenversicherung allmählich abzusenken. Daneben sind natürlich vor allem jene Leistungskürzungen und Sanktionsverschärfungen zu nennen, die mit der Einführung und den ersten Korrekturen des Arbeitslosengelds II verbunden sind.

Insofern die zentrale Botschaft des Sozialwortes die Warnung vor einer solchen Demontage des deutschen Sozialstaats war, kann man ihm also nur bescheinigen, dass es wenig erfolgreich war: Die politischen Kräfte, die sich einer solchen Demontage entgegenstemmen und für einen verteilungspolitisch vertretbaren Umbau des Sozialstaats eintreten, wurden offenbar nicht ausreichend gestärkt. Diese Kräfte, die ja auch innerhalb und im Umfeld der beiden großen Volksparteien und der Grünen angesiedelt sind, waren schwächer als jene Kräfte im gleichen politischen Spektrum, die einen Abbau sozialstaatlicher Anspruchsrechte vorangetrieben haben. Das Sozialwort und sein kirchliches „follow up" haben die der Demontage entgegentretenden Kräfte nicht ausreichend gestärkt.

Wir können davon ausgehen, dass kirchliche Kreise in den letzten fünf Jahren wohl auch gar nicht in der Lage gewesen wären, die dem Sozialstaatsabbau entgegenstehenden Kräfte so nachhaltig zu stärken, dass diese die Demontage hätten verhindern können. Auch die Kirchenleitungen hätten dies nicht vermocht. Allerdings haben sie auch in keiner Weise versucht, dem Sozialabbau entgegen zu wirken! Beide Kirchenleitungen haben im Umfeld der Agenda 2010 wenig oder kaum auf die gegenläufigen Empfehlungen des Sozialworts verwiesen. Im Gegenteil, die zuständige Kommission der Deutschen Bischofskonferenz hat im Dezember 2003 mit „Das Soziale neu denken" versucht, die sozialpolitischen Demontage-Kräfte zu stärken. Anders liegt der Fall bei der EKD-Denkschrift „Gerechte Teilhabe"[14], die erst im Sommer 2006 erschien und solider sowie erheblich differenzierter als der katholische Text argumentiert. Trotzdem liest auch sie sich in weiten Teilen als eine primär auf Harmonie mit den Funktionseliten bedachte sozialethische Begleitmusik zu Hartz IV. Sie betont zwar den Zusammenhang zwischen Verteilungs- und Befähigungsgerechtigkeit, arbeitet aber vor allem heraus, dass monetäre Transfers allein unzureichend sind und deshalb durch Fördermaßnahmen ergänzt werden müssen, während sie umgekehrt auf die Grenzen dieser individualisierenden Fördermaßnahmen nicht aufmerksam macht. Sie belobigt die „Fördern und Fordern"-Ausrichtung der Reformen, z.B. ohne auf die verbreiteten Mängel des Fallmanagements aufmerksam zu machen oder ethische Bedenken gegen Sanktionen anzumelden, durch die nicht selten das Einkommen einer ganzen Familie unter Sozialhilfeniveau rutscht[15].

These 6

Verglichen mit anderen kirchlichen Stellungnahmen zu wirtschafts- und sozialpolitischen Fragen hatte das Sozialwort eine hohe politische Wirkung. In der Endphase der konservativ-liberalen und zu Zeiten der rot-grünen Koalition spielte es in den sozial-politischen Diskussionen immer wieder eine Rolle. Es trug wesentlich dazu bei, dass sich die Bundesregierung verpflichtet hat, regelmäßig einen Armuts- und Reichtumsbericht vorzulegen. Für die Entscheidungen, steuerfinanzierte Grundsicherungselemente im Alter und bei Arbeitslosigkeit sowie einen sog. Kinderzuschlag für Eltern mit niedrigem Arbeitseinkommen einzuführen, dürften die entsprechenden Vorschläge des Sozialworts förderlich gewesen sein.

Neben Leistungskürzungen und Sanktionsverschärfungen hat es in den letzten Jahren auch einige Verbesserungen der sozialpolitischen Instrumente gegeben. Einige dieser positiven Weiterentwicklungen entsprechen genau den einschlägigen Vorschlägen des Sozialworts. Unstrittig ist der starke Einfluss des Sozialworts (219f.) auf die Entscheidung der rot-grünen Bundesregierung, regelmäßig einen offiziellen Armuts- und Reichtumsbericht vorzulegen. Nicht zufällig beginnt der Abschnitt „Grundlagen der Berichterstattung" in der Einleitung des ersten Berichts mit einem Zitat aus dem Kirchenpapier[16].

Das wichtigste Beispiel für einen möglichen Einfluss des Sozialworts ist jedoch die Einführung der Grundsicherung im Alter, mit der das Problem der verdeckten Altersarmut vergleichsweise gut bekämpft wird, aber auch die Ausgestaltung des Arbeitslosengelds II als Grundsicherung. Die Einführung dieser Grundsicherungselemente kommt dem bereits schon zwei Mal erwähnten Plädoyer des Sozialworts sehr nahe, Leistungen der Renten- und Arbeitslosenversicherung zu sockeln und den zusätzlichen Finanzierungsbedarf zumindest teilweise über Steuern abzudecken.

Die EKD-Denkschrift „Gerechte Teilhabe" nennt noch ein drittes Beispiel für eine mögliche Wirkung des Sozialworts: den sog. Kinderzuschlag für Erwerbstätige, deren Einkommen nicht zur Versorgung der eigenen Kinder auf dem Niveau der Sozialhilfe reicht. Für die Denkschrift[17] wurden mit der Einführung dieses prinzipiell richtigen, aber bisher noch sehr mangelhaften Instruments Überlegungen aus dem Sozialwort aufgegriffen. Tatsächlich wird dort (180, 197; vgl. 71) nachdrücklich gefordert, Erwerbstätige mit Kindern vor Armut zu schützen sowie den Kinderlastenausgleich im unteren

Einkommensbereich zu verbessern und unabhängig von der Sozialhilfe zu organisieren.

In welchem Umfang das Sozialwort die Einführung von Grundsicherungselementen und des so genannten Kinderzuschlags gefördert hat, muss natürlich dahin gestellt bleiben. Trotzdem kann man festhalten, dass das Sozialwort auf der Höhe der sozialpolitischen Diskussion seiner Zeit argumentierte und die Positionen jener Sozialpolitiker gestärkt hat, die sich in den Zeiten der rot-grünen Koalition für die genannten Instrumente eingesetzt haben.

Vor dem Hintergrund dieser – für ein Kirchenwort vergleichsweise beeindruckenden – politischen Wirkung überrascht die frühe Warnung von Kardinal bzw. damals noch Bischof Lehmann, das Sozialwort könne im Unverbindlich-Allgemeinen „totgelobt" und damit um seine Wirkung gebracht werden[18]. Schließlich ist es in Deutschland nicht außergewöhnlich, dass eine hochoffizielle politische Stellungnahme der beiden Kirchen viel Zustimmung erfährt – verbale Zustimmung auch von solchen Seiten, für die der Gesamtduktus des Papiers unbequem ist. Auffallend ist demgegenüber eher, wie schnell ein erheblicher Teil der Kirchenleitungen, vor allem der katholischen Bischöfe sich von der Gesamtstoßrichtung des Papiers distanziert hat. Auch das lässt vermuten, dass dieser Text der Sozialverkündigung nicht an einem Profilmangel und nicht an dem Bemühen, es allen recht zu machen, leidet, sondern eine vergleichsweise klare Positionsbestimmung vornimmt, die einem Teil der offiziellen Kirchenvertreter ungelegen war[19] und nur als notwendiger Kompromiss mit der Basis hingenommen wurde.

Halten wir fest: Insofern die Sozialpolitiker der beiden Volksparteien in den für sie schwierigen Zeiten der rot-grünen Koalition mit der einen oder anderen Forderung Erfolg hatten und einen Teil dieser Forderungen u.a. mit einem Hinweis auf das Kirchenpapier zu legitimieren suchten, wurde das Sozialwort – am Schweigen der Kirchenleitungen vorbei – doch noch für sozialpolitische Entscheidungen der Bundesregierung relevant. Damit und mit seinem Einfluss auf die öffentliche Debatte über einen möglichen Systemwechsel zum angloamerikanischen Modell dürfte das Sozialwort insgesamt einen stärkeren politischen Einfluss gehabt haben als alle anderen sozialpolitischen Stellungnahmen der deutschen Kirchen. In den Jahren 1997 und 1998 geäußerte Einschätzungen, das Sozialwort sei politisch völlig bedeutungslos, erscheinen deshalb aus heutiger Sicht eher als Versuche, das Sozialwort politisch zu neutralisieren.

These 7

Abgesehen von der klaren Positionierung zugunsten der Armen, der ökumenischen Autorschaft und der zeitgemäßen Sprache war der entscheidende Faktor für die beachtliche Wirkung des Sozialworts sein zivilgesellschaftliches Profil: Es ist ein Wort der Zivilgesellschaft (Herkunft aus einem lebendigen Konsultationsprozess) für die Zivilgesellschaft (die breitere politische Öffentlichkeit) mit zivilgesellschaftlichem Inhalt: Mit dem Sozialwort zielten die Kirchenleitungen nicht zuerst auf anstehende Entscheidungen der politischen Funktionselite, sondern auf die Verständigung der Bürgerinnen und Bürger über die Frage, in welcher Gesellschaft sie in Zukunft leben wollen.

Man kann die Überlegungen aus den Thesen 5 und 6 so zusammenfassen: Obwohl die Sozialstaatsentwicklung in Deutschland anders verlaufen ist als im Sozialwort anvisiert, hatte das Papier eine vergleichsweise starke politische Wirkung. Abschließend kann deshalb die Frage gestellt werden: Warum ist das Sozialwort in beachtlichem Umfang politisch wirksam geworden?

Zuerst ist natürlich an These 2 zu erinnern: Das Sozialwort konnte wirksam werden, weil es als authentischer Ausdruck des Bemühens von Christen wahrgenommen wurde, die Interessen von Langzeitarbeitslosen, Sozialhilfeempfängern und einkommensschwachen Familien zu vertreten. Der zweite Grund droht in den Zeiten verstärkter (Re-) Konfessionalisierungstendenzen in Vergessenheit zu geraten: Die Kirchen haben ein wesentlich höheres Gewicht, wenn sie gemeinsam sprechen. Zumindest für einen Katholiken, der bei der Lektüre solcher Papiere immer auch päpstliche Enzykliken und andere Texte der katholischen Sozialverkündigung im Ohr hat, fällt drittens auf: Für das Sozialwort ist in weiten Teilen eine vergleichsweise schnörkellose Sprache typisch, die Zeitgenossen eher anspricht als manche betuliche kirchenamtliche Äußerung.

Ein letzter wichtiger Grund für die vergleichsweise starke Wirkung des Sozialworts ist jedoch: Mit dem Papier haben die Kirchenleitungen nicht versucht, direkt die politischen und wirtschaftlichen Funktionseliten zu beeinflussen. Das Sozialwort ist vielmehr ein Wort der Zivilgesellschaft für die Zivilgesellschaft und mit einem zivilgesellschaftlichen Inhalt.

Ein Wort der Zivilgesellschaft: Das Sozialwort ging – vermittelt über mühsame Redaktionsprozesse – aus einem außerordentlich lebendigen Konsultationsprozess hervor.

Ein Wort für die Zivilgesellschaft: Das Sozialwort blieb in den Diskussionen der breiteren politischen Öffentlichkeit lange präsent. Selbst nach zehn Jahren werden Kirchenvertreter bei öffentlichen Diskussionen immer wieder einmal auf den Text angesprochen.

Ein Wort mit zivilgesellschaftlichem Inhalt: Jenseits der zahlreichen politischen Einzelvorschläge ist das Sozialwort vor allem ein Dokument des gesellschaftlichen Prozesses demokratischer Verständigung über die Grundlagen des Zusammenlebens. Es antwortet auf eine Frage, die Bischof Homeyer im Konsultationsprozess so formuliert hatte: „In welcher Gesellschaft wollen wir leben? Wie wollen wir unser gemeinsames Leben gestalten?"[20]

Anmerkungen

[1] Entsprechend dem unter Journalisten verbreiteten Sprachgebrauch wird hier von „Sozialwort" und nicht von einem „Gemeinsamen Wort" gesprochen. Zitiert wird der Text unter Angabe der Ziffern: Für eine Zukunft in Solidarität und Gerechtigkeit. Wort des Rates der Evangelischen Kirche in Deutschland und der Deutschen Bischofskonferenz zur wirtschaftlichen und sozialen Lage in Deutschland (Gemeinsame Texte 9), Hannover – Bonn: Kirchenamt der Evangelischen Kirche in Deutschland – Sekretariat der Deutschen Bischofskonferenz 1997.

[2] Unsere Hoffnung. Ein Bekenntnis zum Glauben in dieser Zeit, Beschluss der Gemeinsamen Synode der Bistümer in der Bundesrepublik Deutschland, in: Ludwig Bertsch u.a. (Hg.): Gemeinsame Synode der Bistümer in der Bundesrepublik Deutschland. Beschlüsse der Vollversammlung, Offizielle Gesamtausgabe I, Freiburg/Br.: Herder 1976, 84-111, hier: 105.

[3] Kommission für gesellschaftliche und soziale Fragen der Deutschen Bischofskonferenz: Das Soziale neu denken. Für eine langfristig angelegte Reformpolitik (Die deutschen Bischöfe. Erklärungen der Kommissionen 28), Bonn: Sekretariat der Deutschen Bischofskonferenz 2003.

[4] Vgl. Marianne Heimbach-Steins: Totgelobt – miesgemacht? Zur Rezeption des Wirtschaftsund Sozialworts der Kirchen, in: Stimmen der Zeit 216 (1998), 158-172, 161f.

[5] Für „Bewahren durch Kürzen" vgl. u.a.: 23, 27, 190 (erster und letzter Satz). Für „Bewahren durch Umbauen" vgl. u.a.: 179, 186, 202, 219f. sowie die reformpolitische Interpretation des Textes in: Friedhelm Hengsbach, Bernhard Emunds und Matthias Möhring-Hesse: Reformen fallen nicht vom Himmel. Was kommt nach dem Sozialwort der Kirchen? Freiburg/Br.: Herder 1997, 15-46.

[6] Gerhard Wegner: Unternehmen Leben. Globalisierung, neue unsichere Arbeitsverhältnisse und Veränderungen in der Sozialpolitik bedürfen mehr sozialethischer Aufmerksamkeit, in: Frankfurter Rundschau vom 26.2.2007, 7.

[7] Vgl. Bernhard Emunds: Unternehmenskontrolle durch Aktionäre in Deutschland – wirtschaftsethische Überlegungen zu einer möglichen Transformation, in: Udo Ebert (Hg.): Wirtschaftsethische Perspektiven VIII (Schriften des Vereins für Socialpolitik 228/VIII), Duncker & Humblot, Berlin 2006, 111-134.

8   Vgl. Stephan Lessenich und Matthias Möhring-Hesse: Eine neues Leitbild für den Sozialstaat. Eine Expertise im Auftrag der Otto-Brenner-Stiftung und auf Initiative ihres wissenschaftlichen Gesprächskreises, Berlin: Otto-Brenner-Stiftung 2004.

9   Kommission für gesellschaftliche und soziale Fragen der Deutschen Bischofskonferenz (Hg.) Mehr Beteiligungsgerechtigkeit. Beschäftigung erweitern, Arbeitslose integrieren, Zukunft sichern. Neun Gebote für die Wirtschafts- und Sozialpolitik. Memorandum einer Expertengruppe berufen durch die Kommission VI für gesellschaftliche und soziale Fragen der Deutschen Bischofskonferenz (Die deutschen Bischöfe. Erklärungen der Kommissionen 20), Bonn: Sekretariat der Deutschen Bischofskonferenz 1998, 5.

10   Vgl.a. Heimbach-Steins: Totgelobt – miesgemacht?, a.a.O., 163 (inkl. Fußnote 9) und die dort angegebene Literatur.

11   Carl Christian von Weizsäcker: Krise des Sozialstaates, in: Kommission für gesellschaftliche und soziale Fragen der Deutschen Bischofskonferenz (Hg.): Kann Kirche Politik möglich machen? Wissenschaftliche Studientagung in Bad Honnef am 1./2.10.1998 (Die deutschen Bischöfe. Kommission für gesellschaftliche und soziale Fragen 21), Bonn: Sekretariat der deutschen Bischofskonferenz, 35-49, hier: 35f. Ähnlich z.B. auch Michael Zöller: Was kann die christliche Sozialethik zur politischen Willensbildung beitragen? Kritische Anfragen an das gemeinsame Wort, ebd., 51-59, besonders: 55, 58.

12   Zur wirtschaftlichen und sozialen Lage in Deutschland. Diskussionsgrundlage für den Konsultationsprozeß über ein gemeinsames Wort der Kirchen (Gemeinsame Texte 3), hg. vom Kirchenamt der Evangelischen Kirche in Deutschland und vom Sekretariat der Deutschen Bischofskonferenz, Hannover/Bonn 1994.

13   Vermutungen, das Sozialwort habe die Bundestagswahl 1998 zugunsten der SPD beeinflusst, werden immer wieder einmal geäußert, so z.B. auch von Carl Christian von Weizsäcker, Krise des Sozialstaates, a.a.0., 36, 47.

14   Gerechte Teilhabe. Befähigung zu Eigenverantwortung und Solidarität. Eine Denkschrift des Rates der Evangelischen Kirche in Deutschland zur Armut in Deutschland, Gütersloh: Gütersloher Verlagshaus 2006.

15   Nicht alle sozialpolitischen Stellungnahmen der Kirchen seit 1997 sind weit von den Grundtendenzen des Sozialworts entfernt. Eine Konkretisierung des Sozialworts bietet z.B.: Verantwortung und Weitsicht. Gemeinsame Erklärung des Rates der EKD und der Deutschen Bischofskonferenz zur Reform der Alterssicherung in Deutschland (Gemeinsame Texte 16) Hannover – Bonn: Kirchenamt der EKD – Sekretariat der Deutschen Bischofskonferenz 2000. Zur Entwicklung der deutschen Sozialverkündigung zwischen 1997 und 2004 vgl. Karl Gabriel und Hermann-Josef Große-Kracht: Von der ,Solidarität‘ zur ,Eigenverantwortung‘? Wie es nach dem Sozialwort der Kirchen weiterging..., in: Karl Gabriel und Werner Krämer (Hg.): Kirchen im gesellschaftlichen Konflikt. Der Konsultationsprozess und das Sozialwort ,Für eine Zukunft in Solidarität und Gerechtigkeit‘, 2. Auflage 2004, Münster 2004, 292-323.

[16] Bundesministerium für Arbeit und Sozialordnung Hg. (2002) Lebenslagen in Deutschland. Der erste Armuts- und Reichtumsbericht der Bundesregierung (Bd. 1), Bonn: Bundesministerium für Arbeit und Sozialordnung, 1. Zitiert wird der Beginn von Ziffer 220 des Sozialworts.

[17] Gerechte Teilhabe, a.a.O, Ziffer 124.

[18] Vgl. Heimbach-Steins: Totgelobt – miesgemacht?, a.a.O., 158.

[19] Kardinal Lehmann z.B. hat verschiedentlich eine Distanz zur Gesamtausrichtung des Sozialworts erkennen lassen. Vgl. u.a. Karl Lehmann: Notwendiger Wandel der Sozialen Marktwirtschaft? Reflexionen aus Sicht der katholischen Kirche (Ludwig-Erhard-Lectures), Köln: Initiative Neue Soziale Marktwirtschaft, 34 (Anm. 7).

[20] Vgl. Josef Homeyer: Abschließendes Wort, in: Wissenschaftliches Forum 12. September 1995. Beiträge zum Konsultationsprozeß der Kirchen über die wirtschaftliche und soziale Lage in Deutschland, hg. vom Kirchenamt der EKD und vom Sekretariat der Deutschen Bischofskonferenz, Hannover – Bonn 1996, 118-121, hier: 120.

Hans-Udo Schneider

Das Sozialwort der Kirchen aus dem Jahre 1997
ist aktueller denn je!

Eine kritische Auseinandersetzung mit den Positionen Gerhard Wegner`s, Direktor des Sozialwissenschaftlichen Instituts der EKD (SI - Hannover).[1]

1997 veröffentlichten der Rat der Evangelischen Kirche in Deutschland und die Deutsche Bischofskonferenz ihr „Gemeinsames Wort zur wirtschaftlichen und sozialen Lage in Deutschland". Es trägt den anspruchsvollen Titel „Für eine Zukunft in Solidarität und Gerechtigkeit"[2].

Vorausgegangen war ein bis dato einzigartiger Konsultationsprozess, die Beteiligung von Organisationen, Verbänden, Vereinen und Gruppen innerhalb und außerhalb der Kirchen.

Allein die Diskussionsgrundlage für den Konsultationsprozess wurde in einer Auflage von 400.000 Exemplaren verbreitet.

Das Katholische-Soziale Institut der Erzdiözese Köln (KSJ) und das Sozialwissenschaftliche Institut der EKD (SWI, Bochum) zählten 2.500 Stellungnahmen mit einem Umfang von mehr als 25.000 Seiten.

Diese Vorgehensweise, gleichsam ein Dialog auf Augenhöhe, hat den Kirchen Respekt und Anerkennung gebracht. Er hat exemplarisch aufgezeigt, wie das Gespräch mit dem mündigen Bürger zu führen ist, wenn die Kirche „gegen den Trend wachsen" und „Zukunft gestalten" will.

Bereits im Vorentwurf werden drei Optionen als erkenntnis- und handlungsleitend herausgestellt:

- die Option für die Schwachen und Armen
- die Option für den Frieden (die soziale Spaltung wird als Versagen vor der Friedensverantwortung herausgestellt)
- die Option für eine soziale Gestaltung der Zukunft in der einen Welt.

In einer bemerkenswert klaren Sprache steckt das Sozialwort sozialethische Grundpositionen ab. So lesen wir in Ziffer 46 unmissverständlich, „dass das Eintreten für Solidarität und Gerechtigkeit unabdingbar zur Bezeugung des Evangeliums gehört und im Gottesdienst nicht nur der Choral, sondern auch der Schrei der Armen seinen Platz haben muss, dass ‚Mystik', also Gottesbegegnung und Politik, also der Dienst an der Gesellschaft nicht zu trennen sind."

Was ist aus dem Sozialwort der Kirchen geworden?

Wo stehen wir heute, zehn Jahre danach? Politik und Wirtschaft haben dem Sozialwort keine Beachtung geschenkt. Sie haben es nicht nur totgeschwiegen, sondern durch eine knallharte Politik des Neoliberalismus konterkariert. Heute müssen wir enttäuscht feststellen:

- Die Situation der Armen hat sich deutlich verschlechtert; mehr Menschen als vor zehn Jahren sind von Arbeit und beruflicher Bildung ausgeschlossen. Jedes 4. Kind in NRW wächst unter Armutsbedingungen auf. Sechs Millionen Menschen arbeiten im Niedriglohnsektor, viele können davon ihren Lebensunterhalt nicht mehr bestreiten und sind auf ergänzende Hilfen angewiesen.

- Die Gesellschaft der Bundesrepublik ist tiefer denn je gespalten. Der innere Frieden ist gefährdet. Die Bindekraft der großen politischen Parteien schwindet. Fremdenfeindliche und rechtsradikale Tendenzen nehmen zu. Renten-, Arbeitslosen-, Krankenversicherung stellen für immer mehr Menschen keinen ausreichenden Schutz dar. Die Verunsicherung der Bevölkerung greift bis tief in die Mittelschichten. Und bezogen auf den äußeren Frieden vollzieht sich ebenfalls ein deutlicher Strategiewechsel. Die Bundesrepublik ist nicht nur drittgrößter Waffenexporteur sondern auch über die Bundeswehr an zahlreichen Kriegseinsätzen beteiligt.

- Auch im Hinblick auf die dritte Option gibt es keine positive Entwicklung. Die Militärausgaben übersteigen um ein Vielfaches die Ausgaben für Entwicklungshilfe und die wirtschaftliche Zusammenarbeit. Die Glaubwürdigkeit der westlichen Welt hat in den letzten Jahren deutliche Einbußen hinnehmen müssen. Vor allem in Afrika, Lateinamerika und Asien erfahren die Menschen, dass die Globalisierung ausschließlich an den Kapitalinteressen der Multi-Player orientiert ist, nicht aber an einer nachhaltigen wirtschaftlichen, sozialen und ökologischen Politik. Weltbank und WTO sind abhängig von den Direktiven der G8 Staaten.

Und welchen Stellenwert hat das Sozialwort innerhalb der Kirchen?

Konnte das Sozialwort Impulse nach Innen freisetzen, beispielsweise die Profilierung der Kirchen, von Diakonie und Caritas im Dritten Sektor (also jenseits von Markt und Staat die Verteidigung des Sozial- und Gesundheitssektors gegen die schleichende Ökonomisierung und als Beitrag zur Stabilisierung der öffentlichen Güter und Dienste und der Daseinsvorsorge), die Sicherung der Arbeitsplätze durch die Erschließung neuer Einnahmequellen, durch Arbeitszeitverkürzung und gerechte Umverteilung der Arbeit, durch tarifvertragliche Regelungen und durch eine Qualifizierungsoffensive? In den genannten Bereichen hat es in den zurückliegenden Jahren keine Fortschritte gegeben. Im Gegenteil, große Teile der Mitarbeiterschaft sind verunsichert, viele Arbeitsplätze gingen verloren, ganze Arbeitsbereiche wurden ausgegliedert und neue Entgeltsysteme haben auch im kirchlichen Bereich den Trend zu Niedriglöhnen verstärkt. Da ganz überwiegend Frauen im Niedriglohnsektor arbeiten, hat der Grundsatz der Gleichstellung von Männern und Frauen auch im Raum der Kirchen weiteren Schaden genommen. Die Kirche ist somit ihrem Auftrag, im Sinne der „Dienstgemeinschaft" für die gesamte Mitarbeiterschaft zu sorgen, nicht gerecht geworden.[3]

Bereits Ende 2003 veröffentlichte die „Kommission für gesellschaftliche und soziale Fragen" der Deutschen Bischofskonferenz einen Text mit dem Titel: "Das Soziale neu denken. Für eine langfristig angelegte Reformpolitik" Der Text gibt vor, das „Gemeinsame Wort" der Kirchen „situationsgerecht fortschreiben" zu wollen. Erhebliche Zweifel sind angebracht. Die renommierten katholischen Sozialethiker Karl Gabriel, Friedhelm Hengsbach und Dietmar Mieth kommen zu folgender Einschätzung:

„Statt das ‚Leitbild der solidarischen und gerechten Gesellschaft' fortzuschreiben, entsteht der Eindruck, dass nun auch die Bischöfe in den breiten Strom der aktuellen Sozialstaatskritik einstimmen, das Prinzip der Verteilungsgerechtigkeit aufgeben und die sozialkatholischen Vorstellungen von sozialer Gerechtigkeit und solidarischer Verantwortung zugunsten der liberalen Prinzipien von privater Vorsorge und Eigenverantwortung abschwächen."[4]

In der breiten Öffentlichkeit fand der Impulstext der Bischofskonferenz nur wenig Aufmerksamkeit. Umso bemerkenswerter sind nunmehr Bestrebungen im Evangelischen Raum, sich deutlich vom „Gemeinsamen Wort" abzusetzen. Dafür sprechen folgende Beobachtungen:

- 2007 – 10 Jahre Sozialwort – die Erinnerungen der Evangelischen Kirche fallen dünn und spärlich aus.

- Im EKD Papier „Kirche der Freiheit"[5] bleibt das Sozialwort unerwähnt. In Ziffer 257 formuliert das Sozialwort: „Die Kirchen sollen erfahrbar werden als Orte der

Orientierung, als Orte der Wahrheit und der realistischen Sicht des Menschen, als Orte der Umkehr und Erneuerung, als Orte der Solidarität und Nächstenliebe, als Orte der Freiheit, als Orte der Hoffnung, an denen Perspektiven gesucht werden für eine sinnvolle Gestaltung des gesellschaftlichen Zusammenlebens. [...]" Ein Impulspapier vorzulegen, mit dem Anspruch, Perspektiven für die Evangelische Kirche im 21. Jahrhundert zu eröffnen, ohne an das eigene Grundlagendokument, die erste ökumenische Sozialethik anzuknüpfen, ist mehr als ein Fauxpas. Dazu ein konkretes Beispiel: Die Kirchen sind mit ihrem „Dritten Weg" der eigenständigen Arbeitsrechtssetzung gescheitert. Gerade die Finanzkrise der Kirchen hat offenbart, dass die Rede von der Dienstgemeinschaft pure Ideologie und keine materielle Substanz für die Mitarbeiterschaft besitzt. Mitarbeiterinnen und Mitarbeiter der Kirche haben weniger Rechte als Beschäftigte außerhalb der Kirchen. So gesehen, sind tarifvertragliche Vereinbarungen längst überfällig. „Kirche der Freiheit" eröffnet an dieser Stelle keine Perspektive. Im Gegenteil, wir sehen eher, dass der Boden vorbereitet wird für neoliberale Organisationsmodelle.

- 2006 veröffentlichen beide Kirchen ein weiteres „Gemeinsames Wort" unter dem Titel: „Demokratie braucht Tugenden"[6]. Auch diese Verlautbarung ist ein deutliches Indiz für die neoliberale Wende der Kirchen. Der Einschätzung von Detlef Hensche ist voll zustimmen: „Soziale Missstände und ökonomische Fehlentwicklungen sind strukturell bedingt und politisch verantwortet, sie lassen sich nicht durch Tugendlehren korrigieren."[7] Ganz offenkundig sollen die Menschen ihren Frieden machen mit den herrschenden Verhältnissen, sich mit dem abfinden, was eh nicht zu ändern ist.

- Am 26. Febr. 2007 widmet die Frankfurter Rundschau ihre Dokumentationsseite einem Referat von Gerhard Wegner[8] zu dem Tagungsthema der Evang. Bildungsstätte Schwanenwerder: „Sozialethik als politische Kraft". Die Dokumentationsseite der FR hat als Aufmacher den Titel: „Unternehmen Leben". Dieser Beitrag stellt im Kern den Versuch dar, die Abkehr vom deutschen (europäischen) Sozialstaatsmodell sozialethisch zu begründen.

Die Vereinnahmung der Evangelischen Sozialethik in den Mainstream des wirtschaftsliberalen Denkens darf nicht unwidersprochen bleiben

Für Wegner atmet das Sozialwort den „korporativen Geist des Konsenses über ein deutsches Wirtschafts- und Sozialmodell, das der Herstellung von Gerechtigkeit und Solidarität dient". Dass eine ihrer tragenden Säulen, eine „leistungsfähige Wirtschaft" in Bedrängnis kommen könnte, und in der Folge die andere Säule, die „umverteilende

Sozialpolitik ebenfalls brüchig würde, hätten sich die Verantwortlichen des Sozialwortes schlichtweg nicht vorstellen können. Wegner hat das alles (das Ende der sozialen Marktwirtschaft) – vertrauen wir dem Tenor seines Beitrags - bereits 1997 gesehen, aber nicht gewagt zu sagen. Von daher kann er heute in einem anderen Klima formulieren: „wirtschaftspolitisch blieb das Wort blass." Für diese wohlfeile These gibt es bei Wegner keinerlei Belege. Stattdessen reiht er Vermutungen aneinander. So z.B., wenn er argumentiert, es sind vor allem die Herausforderungen der Globalisierung, die lediglich beschrieben, nicht aber in der „vollen Tragweite erkannt" werden, die die grundsätzliche Schwäche des Sozialwortes ausmachen.

Die bundesdeutsche Wirtschafts- und Sozialstruktur – oft auch als „Deutschland AG" bezeichnet – kam unter Veränderungsdruck, sie „schien zu gemütlich", wurde als „nicht überlebensfähig" angesehen und deshalb „zerschlagen".

Wer hier gedrückt und geschlagen hat, wer Ross und Reiter sind, wird nicht weiter erläutert. Der weltweite Wettbewerbsdruck habe die Schwächen des deutschen Systems gnadenlos offen gelegt, ja als „satisfactory Underperformance" dem Gespött und der Lächerlichkeit preisgegeben. Viele der deutschen Unternehmen seien nur noch als „Sozialkassen mit angeschlossener Produktion" angesehen worden. (In dieser Version hören wir die Formulierung zum ersten Mal. Bekannter ist ja wohl der Satz „die großen börsennotierten Unternehmen sind Banken mit angeschlossener Produktion", weil sie mehr Gewinne mit Geld- und Derivatgeschäften erzielen, als mit der Herstellung von Gütern und Dienstleistungen).

Die Botschaft Wegners lautet deshalb: „Es war höchste Zeit, sich den neuen Realitäten anzupassen und grundlegend umzusteuern." Befriedigt kann er feststellen, die Wirtschaft hat sich inzwischen neu aufgestellt und ihre starke Stellung in der Welt zurück gewonnen. Zwar ging das einher mit dem Abbau von unproduktiver Beschäftigung, dem Abbau von sozialem Ballast, der Auflösung von Strukturen, die für „Sicherheit und Beständigkeit" gesorgt haben. Nach dem Motto: „ein bisschen Schwund ist immer" werden diese „Kollateralschäden" aber mehr als aufgewogen durch den „enormen Gewinn an Produktivität und Leistungsfähigkeit" (a.a.O.). Wer Nutznießer der Produktivitätsgewinne ist, interessiert Wegner ebenso wenig wie die Frage, was aus den Verlierern dieser Prozesse wird.

Auch die Ursachen der kapitalistischen Globalisierung sind für Wegner kein Thema. Von daher sind auch seine nachfolgenden Analyseschritte nur als konsequent zu bezeichnen. „Eine weitere Folge (des Umbaus der Wirtschaft, Anmerkung d. Autors) war ein neues Bewusstsein für die Kosten des Gemeinwesens, der Blick auf die Verschuldung, aber auch die ständig steigenden Kosten der Sozialpolitik". Dass seit der 1980er Jahre die Lohnentwicklung von den Produktivitätsfortschritten abgekoppelt ist, Verteilungsspielräume also nicht mehr genutzt werden, dass ein großer Teil der Unternehmen dem Staat darüber hinaus die Steuern verweigern, ihn systematisch erpressen und zu dem die Kosten von Millionen Menschen ohne Arbeit Staat und Gesellschaft aufbürden, erwähnt Wegner mit keinem Wort. In der Logik seines Denkens ist dafür kein Platz.

Die neuen Realitäten sind in Wegner`s Vorstellungswelt als Sachzwänge dem weltweiten Wettbewerbsdruck geschuldet, dem sich niemand entziehen kann. Es sind gleichsam Naturgewalten, sie kommen über uns wie ein Tsunami und deshalb sind Arbeitsplatzabbau und Niedriglohnsektor naturbedingte Konsequenzen, die sich zwangsläufig einstellen, wie das neue Bewusstsein für die Arbeitskosten und die Kosten des Gemeinwesens.

Mit dieser Logik knüpft die Wegnersche „Analyse" keineswegs – wie sie vorgibt, an das Sozialwort von 1997 an, im Gegenteil, hier liegt die eindeutige Bruchlinie. Arbeitslosigkeit wird nicht mehr als ein durch Menschen und gesellschaftliche Strukturen verursachter Gewaltakt, wird nicht mehr als ein Anschlag auf die körperliche und seelische Gesundheit, die Würde des Menschen angesehen.

Von daher sagen wir deutlich: Das Sozialwort ist nicht überholt, es ist notwendiger denn je. Und ebenso deutlich distanzieren wir uns von dem Versuch Wegner`s, Evangelische Sozialethik / Sozialarbeit aus ihren bisherigen Traditionen zu lösen und ins wirtschaftsliberale Abseits zu stellen. Evangelische Sozialethik hat sich auf der Grundlage des gemeinsamen Wortes immer neu der Sozialen Frage zu stellen.

Dazu ist es nötig, die extreme Differenz zwischen Evangelischer Sozialethik und dem Wertsystem des Neoliberalismus herauszustellen. Das Sozialwort reflektiert auf nuancenreiche Weise den sozialethischen Grundsatz der Sozialen Marktwirtschaft, wie er in einer klassischen Formulierung Alfred Müller-Armacks, einem ihrer Theoretiker, zum Ausdruck kommt: „Zwei großen sittlichen Zielen fühlen wir uns verpflichtet, der Freiheit und der sozialen Gerechtigkeit. Die soziale Gerechtigkeit muss mit und neben der Freiheit zum integrierenden Bestandteil unserer Wirtschaftsordnung werden." Mit anderen Worten, eine Wirtschaft ist dann sozial, wenn sie in einen gerechten Steuerstaat eingebettet ist und darum durch einen gut finanzierten Sozialstaat komplettiert werden kann.

Das Gegenteil davon verficht die Kernphilosophie des Neoliberalismus. Die Synthese von ökonomischer Marktfreiheit und sozialer Gerechtigkeit wird eliminiert durch die Preisgabe der sozialen Gerechtigkeit und die Absolutsetzung einer radikalen Marktfreiheit.

Mit den Worten Friedrich August von Hayeks, dem Vordenker des Neoliberalismus: Der Ausdruck soziale Gerechtigkeit gehört nicht in die Kategorie des Irrtums, sondern in die des Unsinns wie der Ausdruck 'ein moralischer Stein' [...] Was heißt den hier Gerechtigkeit? Wer ist denn da gerecht oder ungerecht? Die Natur? Oder Gott?. Jedenfalls nicht Menschen, da die Verteilung, die aus dem Marktprozess hervorgeht, nicht das beabsichtige Ergebnis menschlichen Handelns ist. Daher ist der Begriff der sozialen Gerechtigkeit in einer marktwirtschaftlichen Ordnung …völlig sinnlos." Die „neoliberale Konterrevolution" (Milton Freedman), die in diesem Geiste voranschreitet, reduziert und eliminiert daher den gerechten Steuerstaat und den humanen Sozialstaat um der ungezügelten Marktherrschaft willen. Von den heutigen Akteuren dieses Weges wird die programmatische Preisgabe der sozialen Gerechtigkeit holprig, gewunden und hilflos auf Abwegen kaschiert, wenn von Beteiligungs-, Befähigungs- und Teilhabegerechtigkeit anstelle einer zu modernisierenden Verteilungsgerechtigkeit die Rede sein soll.

Das Sozialwort war 1997 als Anwalt der sozialen Marktwirtschaft aktuell und ist nach 10 Jahren gravierender Veränderungen durch die neoliberale Konterrevolution brandaktuell, um den Gedanken einer sozialen Marktwirtschaft im Bewusstsein zu halten, die es in der Realität nicht mehr gibt. Es ist und bleibt die erste und letzte Aufgabe der Sozialethik für die Erhaltung und Gestaltung der sozialen Gerechtigkeit einzutreten und eben darum muss sie heute der neoliberalen Marktradikalität entgegentreten.

Sich im Geiste des Sozialworts heute der sozialen Frage neu stellen

Sich im Geiste des Sozialworts heute der sozialen Frage neu zu stellen, bedeutet neben der Demaskierung des Neoliberalismus als einer Macht der Ungerechtigkeit und Unfreiheit auf der anderen Seite eine produktive Auseinandersetzung mit der „digitalen Revolution".

Hier geht das Sozialwort über Ansätze nicht hinaus, die weitergeführt werden müssen. Die Digitalisierung führt zu einer Verflüchtigung menschlicher Arbeit in sämtlichen Sektoren, zu einer Potenzierung der Produktivitätsmöglichkeiten und damit gleichzeitig zu einer großen Vermehrung der Arbeitsnot und des gesellschaftlichen Reichtums. Wir erleben eine technische Entwicklung, die es zunehmend möglich macht, mit immer weniger menschlicher Arbeitskraft immer mehr gesellschaftlichen Reichtum zu erzeugen. Um diesen Prozess zum Wohle aller zu gestalten, müssen die Verteilungsfragen neu gestellt und beantwortet werden. In einem weit reichenden Reformprozess muss der technische Fortschritt in sozialen Fortschritt zum Wohl aller Menschen umgesetzt werden.

Folgende Einsichten und Fragen[9] sehen wir dabei als besonders drängend an:

- Woher kommen die Einkommen der kleinen Leute in der menschenleeren Fabrik?

- Die Einkommensquellen der einen sprudeln immer kräftiger, die Einkommensquellen der Massen versiegen.

- Wer auf moderne Technologien setzt in der Produktion, braucht auch moderne Formen in der Distribution. Wir produzieren mit Bill Gates und verteilen mit Bismarck.

- Die technologischen und ökonomischen Innovationen müssen von entsprechenden sozialen und distributiven Innovationen begleitet werden. Alle anderen Wege schließen wachsende Teile der Bevölkerung von der Teilhabe am gesellschaftlichen Reichtum aus und verlassen den Boden der Verfassung.

- Wie werden die Formen der Arbeit und die Formen der Einkommen einander neu zugeordnet?

- Wie sind Frauen und Männer an Arbeit und Einkommen beteiligt?

- Was verletzt die Ehrfurcht vor dem Leben bzw. wie können die natürlichen Lebensgrundlagen gesichert werden?

Das Sozialwort hat in dieser Hinsicht bereits vor 10 Jahren wichtige Impulse formuliert, die wir versucht haben in unserem Reformkonzept für einen neuen Gesellschaftsvertrag aufzugreifen und weiter zu entwickeln. Handlungsleitend ist dabei die unerhörte Erkenntnis des Sozialwortes: "Arbeit ist genügend vorhanden. Es müssen Mittel und Wege gefunden werden, den gesellschaftlichen Reichtum so einzusetzen, dass sie auch bezahlt werden kann."

Der Beitrag Wegner`s ist gegenüber diesen Schlüsselfragen und Zukunftsaufgaben in Richtung und Linie des Sozialworts völlig blind. Stattdessen lesen wir in bisher nie gekannter Offenheit wirtschaftsliberale Sätze wie diese: „So geht es nun darum, Menschen fit zu machen, unter Marktbedingungen mithalten zu können". Oder an einer anderen Stelle: „in gewisser Hinsicht wird nun die ganze Gesellschaft zu einem Unternehmen, dessen Betriebsklima erheblich zur Produktivität beiträgt". Was also die katholischen Sozialethiker Gabriel, Hengsbach, Mieth noch als Eindruck für einen Gesinnungswandel der Deutschen Bischofskonferenz an dem Text: „Das Soziale neu denken" festmachen, wird nun bei Wegner eindeutig.

Der Direktor des Sozialwissenschaftlichen Instituts (SI) der EKD und Mitglied im Bundesvorstand des KDA (Kirchlicher Dienst in der Arbeitswelt) distanziert sich klar von den bisherigen evangelisch – sozialethischen Vorstellungen von Sozialer Gerechtigkeit. Das Prinzip der Verteilungsgerechtigkeit wird verworfen, an seine Stelle treten private Vorsorge und Eigenverantwortung. Es ist die individuell idealistische Sicht von Wirtschaft, die die Differenz ausmacht.

Bereits 2004 fragt Wegner in der Zeitschrift „Zeitzeichen – Evangelische Kommentare zu Religion und Gesellschaft"[10] „wo sind die Tugenden? – Die Wirtschaft braucht wirkliche Unternehmer und begeisterte Mitarbeiter". Was darunter zu verstehen ist, macht Wegner im Rückgriff auf Adam Smith deutlich: „Wohlstand kann erst dann entstehen, wenn beispielsweise ein Bäcker nicht nur wohlwollend andere mit Brot versorgt, sondern auch konsequent seine eigenen Interessen wahrnimmt."

Dieser Satz verrät ein grundlegendes Unverständnis sowohl des historischen Kontextes in der Argumentation von A. Smith als auch der Gegenwart. Smith entwickelte seine Wirtschaftstheorie in einer Zeit, die von einer gravierenden Unterversorgung der Bevölkerung mit lebensnotwendigen Gütern geprägt war. Große Teile Europas wurden von Hungersnöten heimgesucht, viele Menschen starben an Unterernährung und den damit verbundenen Krankheiten. Smith suchte mit seiner Wirtschaftstheorie nach Wegen, die Produktivität so zu steigern, dass die Versorgung der Bevölkerung sichergestellt werden konnte. Deshalb der Titel seines Hauptwerkes "Wohlstand der Nationen".

Tatsächlich hat Smith mit seiner Wirtschaftstheorie zum Wohlstand der Nationen beigetragen. Weshalb dieser Wohlstand aber nicht allen Menschen zugute gekommen ist, das hat Karl Marx in seinem Hauptwerk „Das Kapital" herausgearbeitet. Im Unterschied zu der Zeit von Adam Smith haben wir es heute (in der westlichen Welt) nicht mit einem Versorgungsmangel der Bevölkerung zu tun. Eher gibt es Probleme der Überproduktion infolge der gewaltig gestiegenen Produktivität in der Herstellung von Waren und Gütern. Geblieben ist das von Marx analysierte Verteilungsproblem. Die rasanten Produktivitätssteigerungen der letzten Jahrzehnte haben zu einem dramatischen Rückgang der Nachfrage nach Lohnarbeit geführt und damit verbunden zu einer wesentlichen Verschiebung der gesellschaftlichen Kräfteverhältnisse. Auf diesem Hintergrund ist heute die Soziale Frage zu diskutieren und hier stellt sich die Frage der Verteilung der Produktivitätsgewinne in einem ganz neuen Licht. Auf diese Entwicklungen geht Wegner – im Unterschied zum Sozialwort – mit keiner Silbe ein.

Hinzu kommt ein weiterer grundlegender Aspekt, der in der blinden Wettbewerbsgläubigkeit auch bei Wegner völlig vernachlässigt wird. Und das ist der wettbewerbsimmanente Konzentrations- und Fusionsprozess, der zu immer größeren Machtkonzentrationen führt. Mit wohlfeilen Tugendappellen zur Adam Smith`schen Bäckeridylle zurückzukehren, verkennt die Realitäten. Die Marktmacht und die Marktkonzentration zerstören aber nicht nur den Wettbewerb. Der ungeheure Anstieg der privatwirtschaftlichen Macht wird mehr und mehr zu einer Gefahr für die demokratisch legitimierte Macht des Staates selbst. All diese Prozesse lassen sich am Beispiel der Entwicklung in der Bundesrepublik Deutschland quasi lehrbuchhaft verfolgen.

Seit der Wiedervereinigung ist in Deutschland die Brutto-Lohnquote (bis 2005) von 72 auf 67 Prozent, also um 5 Prozentpunkte, zurückgegangen.[11] Auf der anderen Seite fallen auf die reichsten zehn Prozent der privaten Haushalte fast die Hälfte des gesamten Netto-Geldvermögens.[12]

Und der Wirtschaftswissenschaftler Heinz-J.Bontrup kommt in seinem Beitrag: „Wettbewerb und Markt sind zu wenig"[13] zu folgender Einschätzung: „Damit aber nicht genug: Gewinn stellt unter dem heute vorherrschenden Regime des Neoliberalismus sogar das vorab festgelegte und geplante Kontrakteinkommen dar, und das Lohneinkommen ist nur noch das zur Restgröße degradierte Residuumeinkommen, das jederzeit verhandelbar geworden ist. [...] Unternehmensleitungen verlangen Eigenkapitalrenditen von bis zu 25 Prozent und manchmal noch mehr. Derartige Höhen lassen sich mit betriebswirtschaftlich traditionellen Methoden wie der Generierung von Innovationen, der Schaffung von Investitionen und über einen realwirtschaftlichen Produktivitätsfortschritt nicht herbeiführen Deshalb setzt das Shareholder-Value-Denken auch auf eine Doppelstrategie: einerseits im Innenverhältnis auf eine 'Knechtung der abhängig Beschäftigten' mit Maßnahmen wie Lohnsenkungen und Arbeitszeitverlängerungen ohne Lohnausgleich durch ein verschärftes Kostenmanagement und andererseits auf Unternehmensübernahmen (Fusionen)."

Nun könnte man zu dem Eindruck gelangen, dass die Empirie, die Armuts- und Bildungskrise im eigenen Land, Hunger und weltweiter Terror, Klimawandel und Umweltzerstörung zumindest Zweifel an der kapitalistischen Form der Globalisierung aufkommen lassen. Doch weit gefehlt. Die neue Definition von Gerechtigkeit lautet bei Wegner: „Befähigung zur Teilnahme an der Ökonomie". Der Interessengegensatz von Arbeit und Kapital (damit auch die Machtfrage) verflüchtigt sich in der Vorstellung von Wegner immer mehr, das Unternehmen wird als "gemeinsame Aufgabe" begriffen.

„Unter Gerechtigkeitsaspekten rücken damit ganz vorrangig Ausbildung und Bildung in den Blick, während andere unter dem massiven Wettbewerbsdruck ihre Berechtigung verlieren: die klassisch solidarische Lohnpolitik, Arbeitszeitverkürzungen, die solidarischen Versicherungssysteme u.a.. Sozialstaat heiße nicht mehr umfassende Versorgung, sondern Bereitstellung von Befähigungshilfen für den einzelnen, um sein Überleben sichern zu können" (a.a.O.).

Im Klartext, wer die Befähigungshilfen nicht nutzt oder wo sie nicht ausreichen, der hat Pech gehabt. Für den gibt es keine Sicherung, keine Teilhabe und kein Überleben.

Das ist nichts anderes als der Rückfall in den Bismarck`schen Fürsorgestaat. Oder mit anderen Worten: Hier wird politisch austariert, wie weit die Unterhaltskosten für den Teil der Bevölkerung, der für die Produktion und für die Erzeugung von Dienstleistungen nicht mehr benötigt wird, heruntergedrückt werden können, ohne dass es zu einer Systemgefährdung kommt. Wer nicht produktiv für das System tätig ist, der hat im Prinzip keinen Anspruch auf Existenzsicherung. Eine solche Haltung steht im krassen Widerspruch zur protestantischen Theologie der Rechtfertigungslehre. Denn die geht davon aus, dass das Existenzrecht und damit der Anspruch auf Existenzsicherung eines Menschen nicht von seiner Leistung und von seiner Nützlichkeit für ein Wirtschaftssystem abhängt, sondern Geschenk Gottes ist.

Nichttheologisch gesprochen heißt das, dass sich das Recht auf Existenz und Existenzsicherung eines Menschen allein aus der Existenz selbst ableitet und somit nicht in Frage zu stellen ist.

Von hier aus hätte eine theologische Kritik neoliberaler Wirtschaftsmodelle anzusetzen. Das Sozialwort bietet dazu eine gute Grundlage. Denn es fordert in erfreulicher Eindeutigkeit (Z 112): „Soziale Gerechtigkeit hat insofern völlig zu Recht den Charakter der Parteinahme für alle, die auf Unterstützung und Beistand angewiesen sind. […] Sie erschöpft sich nicht in der persönlichen Fürsorge für Benachteiligte, sondern zielt auf den Abbau der strukturellen Ursachen für den Mangel an Teilhabe und Teilnahme an gesellschaftlichen und wirtschaftlichen Prozessen."

Bleibt die Frage nach der künftigen Rolle der Kirche

In seiner Logik konsequent stellt Wegner auch hier fest, dass ihre Gerechtigkeits- und Solidaritätsvorstellungen unter dem Wettbewerbsdruck nicht zu halten sind. „Sodann gilt es das Vordringen ökonomischer Imperative und entsprechender mentaler Paradigmen theologisch zu verarbeiten. Mehr denn je fließen heute Arbeit und Leben zusammen. Die Ökonomisierung von Lebensbereichen muss selbst gestaltet werden".

Uns ist nicht klar, was Wegner unter „mentalen Paradigmen" (der schludrige Umgang mit dem Begriff Paradigma ist nicht akzeptabel, Anmerkung des Autors) versteht, im Kern scheint es aber es um die Indienstnahme, die Instrumentalisierung von Theologie und Sozialethik zu gehen. Dafür spricht nachstehendes Zitat „Er und sie sind mehr denn je gefordert, das eigene Leben selbstverantwortlich ,unternehmerisch' zu gestalten". Damit ist das Ziel erreicht. Die Reichen, Erfolgreichen und Wohlhabenden führen ein gottwohlgefälliges Leben. Sie haben den Segen der Kirche.

Sie brauchen kein schlechtes Gewissen mehr zu haben und stehen unter keinem Rechtfertigungszwang. In der schönen neuen Welt des Herrn Wegner ist die Menschheit dem Himmelreich ein ganzes Stück näher gekommen. „Was sich abzeichnet ist die Vorstellung von einer Gesellschaft in der sich praktisch realisiert, was biblisch dem

90

Glaubenden versprochen ist: 'Du stellst meine Füße auf weiten Raum!'." Dieser Vision von einer künftigen Gesellschaft erteilen wir eine klare Absage. Sie ist eine Illusion.

Anmerkungen

[1] Vgl.: Frankfurter Rundschau, 26.Febr.2007,S.7;Dokumentation unter dem Titel: Unternehmen Leben, Vorabauszug aus einem Vortrag, den Wegner im März 2007 in der Evang. Bildungsstätte auf Schwanenwerder gehalten hat.

[2] Kirchenamt der Evangelischen Kirche in Deutschland; Sekretariat der Deutschen Bischofskonferenz (Hg): Für eine Zukunft in Solidarität und Gerechtigkeit; Hannover/Bonn 1997.

[3] Vgl.: Arbeitsgemeinschaft westfälischer Sozialpfarrer: Kirchhellener Appell (2006); download unter: www.arbeitneudenken.de.

[4] Karl Gabriel, Friedhelm Hengsbach, Dietmar Mieth: „Das Soziale neue denken" als Abkehr vom „Gemeinsamen Wort der Kirchen?" Presserklärung vom 17.12. 2003.

[5] EKD: Kirche der Freiheit – Perspektiven für die Evangelische Kirche im 21. Jahrhundert; Hannover 2006.

[6] Kirchenamt der ev. Kirche in Deutschland und Sekretariat der deutschen Bischofskonferenz (Hg.): Demokratie braucht Tugenden. Gemeinsames Wort der deutschen Bischofskonferenz und des Rates der EKD.

[7] Detlef Hensche: Kirchliche Herrschaftsmoral, in :Blätter für deutsche und internationale Politik;Heft2/2007; S. 136-139.

[8] Gerhard Wegner ist Direktor des Sozialwissenschaftlichen Instituts der EKD in Hannover. Das jetzige SI steht weder personell noch inhaltlich in der Nachfolge des 2003 liquidierten SWI (Sozialwissenschaftliches Institut der EKD, Bochum).

[9] Belitz, W.; Klute, J.; Schneider, H.-U.: Zukunft der Arbeit in einem neuen Gesellschaftsvertrag; Münster 2004.

[10] Wegner, Gerhard: Wo sind die Tugenden? Die Wirtschaft braucht wirkliche Unternehmer und begeisterte Mitarbeiter, in: Zeitzeichen – Evangelische Kommentare zu Religion und Gesellschaft, Heft 9, S. 12-15, 2004, Kreuz Verlag Stuttgart.

[11] Vgl.: Statistisches Bundesamt (Hrsg), Volkswirtschaftliche Gesamtrechnungen, Wiesbaden 2005, S. 8.

[12] Vgl.: Deutsche Bundesbank, Monatsbericht Juni 2005, S. 15-30.

[13] Bontrup, Heinz-J.: Wettbewerb und Markt sind zu wenig, in: Aus Politik und Zeitgeschichte, Beilage zur Wochenzeitung Das Parlament, 13/2007, S. 25-31.

Wolfgang Belitz

Reichhaltiges Sozialwort – Armselige Kirche

Einige Anmerkungen zum Umgang der Evangelischen Amtskirche mit der Sozialethik des Gemeinsamen Wortes von 1997

Das Sozialwort folgt in seinem inhaltlichen Aufbau annähernd einer Methodik, die in der praktischen Sozialethik in ökumenischem Kontext eine zeitlang weit verbreitet war: Sehen (Kapitel 2: Gesellschaft im Umbruch) – Urteilen (Kapitel 3: Perspektiven und Impulse aus dem christlichen Glauben) – Handeln (Kapitel 5: Ziele und Wege). Das Kapitel über die Sicht der Dinge aus dem Blickwinkel des Glaubens ist sehr reichhaltig ausgefallen, zumal es noch um einen weiteren Abschnitt über die Menschenrechte erweitert und ergänzt worden ist. Populär wurde die nachdrückliche Herausstellung der „Option für Armen", aber besonders in Erinnerung bleiben sollte die Feststellung, dass in der christlichen Tradition der enge und unauflösliche Zusammenhang von christlichem Glauben und politischem Handeln kaum jemals so nachdrücklich und vielfältig dargestellt und unterstrichen worden ist wie im Sozialwort. An unterschiedlichen Stellen werden vielfältige Formulierungen für dieses theologische Faktum geprägt, die im Konsultationsprozess von Christinnen und Christen akzentuiert worden sind und nun im Gedächtnis haften bleiben:

„Die Kirchen haben im Konsultationsprozess gelernt.…Dass das Eintreten für Solidarität und Gerechtigkeit unabdingbar zur Bezeugung des Evangeliums gehört und im Gottesdienst nicht nur der Choral, sondern auch der Schrei der Armen seinen Platz haben muss, dass ,Mystik', also Gottesbegegnung, und ,Politik', also der Dienst an der Gesellschaft, für Christen nicht zu trennen sind – das alles ist im Konsultationsprozess nachdrücklich hervorgetreten!" (46)

So wird mehrfach unterstrichen, dass die *Feier des Glaubens und die Praxis der Gerechtigkeit* (104) zueinander gehören wie die Gottes- und die Nächstenliebe. Der Innerlichkeit und Individualität des Glaubens wird auf diese Weise eine Absage erteilt, denn der Feier des Glaubens entspricht nicht das Tun des Individuums im Alltag, sondern die Praxis der Gerechtigkeit.

„Die Christen können nicht das Brot am Tisch des Herrn teilen, ohne auch das tägliche Brot zu teilen. Ein weltloses Heil könnte nur eine heillose Welt zur Folge haben. Der Einsatz für Menschenwürde und Menschenrechte, für Gerechtigkeit und Solidarität ist für die Kir-

*che **konstitutiv (Hervorh. v. A.)** und eine Verpflichtung, die aus ihrem Glauben an Gottes Solidarität mit den Menschen und aus ihrer Sendung, Zeichen und Werkzeug der Einheit und des Friedens in der Welt zu sein, erwächst."* (101)

Dem christlichen Glauben kann im Gedankengang des Sozialworts auch und gerade deshalb so viel zugemutet werden im Kampf gegen Ungerechtigkeit, Unfreiheit und Unfrieden, weil ein christliches Menschenbild gezeichnet wird, an das Protestanten sich erst vorsichtig gewöhnen müssen. Sie sind es gewöhnt, von ihrer Kirche unter den eschatologischen Vorbehalt gestellt zu werden, der ihnen sagt, dass es im Bereich des Vorletzten keine Gerechtigkeit, keine Freiheit und keinen Frieden geben kann. Es gebe nur Komparative: Mehr oder weniger Ungerechtigkeit, Unfreiheit und Unfrieden, da wir allzumal Sünder sind und das Paradies auf Erden durch uns nicht herstellbar ist. Dieser protestantische Grundsatz ist falsch verstanden, wenn er zu politischem Quietismus und zur Trennung von Glaube und Weltverantwortung führt. Dieser protestantische Grundsatz ist richtig verstanden, wenn er Wahn und Überheblichkeit Einhalt gebietet und uns lehrt, welches Tun des Gerechten uns möglich ist in Richtung und Linie des Gottesreiches unter den Bedingungen der Fremde. So verstanden, engt er nicht ein, sondern befreit.

Das Menschenbild des Sozialworts geht deutlich über die Theologie des eschatologischen Vorbehalts hinaus und eröffnet neue Horizonte der Hoffnung:

„Der christliche Glaube lebt von der Hoffnung auf die neue Schöpfung, in welcher alle Tränen abgetrocknet, Klage, Trauer und Mühsal nicht mehr sein werden. Menschen können dieses Reich Gottes nicht ‚machen'. (94) … Trotz der Gebrochenheit menschlicher Existenz ist dem von Gott berufenen Menschen mit der Schöpfung wie mit der Erlösung die Fähigkeit zu einer verantwortlichen Gestaltung der Welt geschenkt. Dieses Können geht allem Sollen voraus. Die ethische Forderung entspringt der von Gott gegebenen Befähigung zu einem vernünftigen und verantwortlichen Handeln." (95)

Denn wir können, was wir sollen. Da muss der paulinisch geprägte Protestant noch einigen Ballast abstoßen. Oder auch nicht. Denn die Evangelische Kirche hat in den Jahren nach dem Sozialwort kaum auf dessen wesentliche Inhalte zurückgegriffen, sie sich angeeignet oder gar an deren praktischer Umsetzung gearbeitet. Eher lässt sich das Gegenteil belegen. Im Verlaufe der neoliberalen Konterrevolution ließ die Evangelische Kirche das Sozialwort links liegen und sich in die neoliberale Mitte treiben von der Ethik der sozialen Gerechtigkeit zur Ethik des guten Lebens im neoliberalen Gewande. Kategorial, systematisch und historisch wird die neoliberale Wende von höchster Stelle eingeleitet:

Einer der führenden Köpfe der kirchenamtlichen Sozialethik und Sozialpolitik ist Dr. Hermann Barth, Präsident des Kirchenamtes der EKD Zu Beginn des Jahres 2003 verkündete der Präsident des Kirchenamtes der EKD Dr. Hermann Barth– damals noch Vizepräsident und Leiter der Hauptabteilung „Theologie und öffentliche Verantwortung" - das neue Programm der EKD in einem Kurzbeitrag auf einer Tagung zur Standortbestimmung evangelischer Ethik am 10./11. Januar 2003 in der Forschungsstelle der Evangelischen Studiengemeinschaft (FEST) in Heidelberg unter der Überschrift *„Evangelische Ethik und Kirche"[1]*

„ Die Wahrnehmung der öffentlichen Verantwortung und darum die sorgfältige Beschäftigung mit ethischen Fragen bleiben für die evangelische Kirche unverzichtbar. Aber wir befinden uns in einem Umbruch, in dem aus guten sachlichen Gründen das Glaubensthema in der evangelischen Kirche an die erste Stelle rückt und die Bedeutung des ethischen Themas relativ abnimmt.

Die Geschichte der EKD seit 1945 ist geprägt von einer wachsenden Dominanz politischer und ethischer Themen. Man kann das gut studieren an den Gegenständen der öffentlichen Verlautbarungen des Rates und der Synode oder an den von der Synode gewählten Schwerpunktthemen. Die Leidenschaft, mit der die evangelische Kirche ihre öffentliche Verantwortung und ein politisches Wächteramt wahrnahm, war nicht zuletzt eine Konsequenz aus der nationalsozialistischen Katastrophe. Gegen Ende des 20. Jahrhunderts mehrten sich die Indizien dafür, dass sich die Gewichte der Themen in der evangelischen Kirche verschieben und die Tagesordnung kirchlicher Arbeit neu aufgestellt wird. Bezeichnend dafür ist das Schwerpunktthema der Synode der EKD bei ihrer Tagung im Jahre 1999: „Reden von Gott in der Welt – Der missionarische Auftrag der Kirche an der Schwelle zum 3. Jahrtausend". In der Kundgebung zum Schwerpunktthema steht der Satz: ‚Von dieser Tagung der Synode geht das Signal aus: Die evangelische Kirche setzt das Glaubensthema und den missionarischen Auftrag an die erste Stelle '

Das wird die ethischen Fragen nicht von der Tagesordnung der evangelischen Kirche verdrängen. Dafür sind sie – siehe Bioethik - zu eng verkoppelt mit dem Verständnis des Menschen, insbesondere dem Verständnis seiner Rolle in der Schöpfung und des Verhältnisses zwischen natürlichen Gegebenheiten und kulturellen Veränderungen. Aber sie werden in der Tagesordnung der Kirche weiter nach hinten rücken. Das muss keinen Bedeutungsverlust der evangelischen Ethik signalisieren, sondern kann gerade dazu beitragen, dass sich die Kirche auf ihren ureigensten Auftrag, nämlich die Verkündigung des Evangeliums konzentriert, dass sie sich nicht fälschlich als moralische Autorität in Anspruch nehmen lässt und dass die ethische Frage dort angesiedelt wird, wo sie vorrangig hingehört, in der persönlichen Verantwortung jedes einzelnen Christenmenschen."

Der Fehler dieser Gedankengänge besteht darin, dass „Glaubensthema" und das „ethische Thema" zu trennen und nebeneinander oder wie in diesem Fall noch schlimmer untereinander zu stellen. Gewiss ist es aber so, dass Glaube und Handeln, Dogmatik und Ethik, Rechtfertigung und Heiligung eine unzertrennbare Einheit bilden, also weder getrennt noch sortiert werden können, wie es in der These des Kirchenmannes ungeniert vollzogen wird. Schon zwei Jahre nach dem Sozialwort hat die EKD das neue Signal gesetzt. Das neuprotestantische Ranking impliziert nun aber nicht nur die Nachrangigkeit der Ethik, sondern zugleich auch deren Binnendifferenzierung in Individualethik und Sozialethik. Gegenüber neuen ethischen Problemstellungen wie Bioethik u.ä., die in der Individualethik verhandelt werden, rückt die Sozialethik auf den letzten Platz der Tagesordnung der Evangelischen Kirche. Zur Verkündigung des Evangeliums gehört nicht die Botschaft von der Gerechtigkeit Gottes, nicht die Botschaft von der Aufhebung der Herrschaft der Sünde als Sünde der Herrschaft, nicht die Botschaft von der Gleichheit der Menschen als Herren und Knechte, Männer und Frauen, Schwarze und Weiße, Schwestern und Brüder, nicht die Botschaft von der Verheißung des Friedens, nicht die Botschaft vom Kommen eines neuen Himmels und einer neuen Erde, darinnen Gerechtigkeit wohnt.

Das Sozialwort spricht von der *Bezeugung* des Evangeliums und meint damit die Einheit von Glauben und Praxis sozialer Gerechtigkeit. Die EKD spricht von der *Verkündigung* des Evangeliums und versteht darunter eine Konzentration auf den ureigendsten "Auftrag" der Kirche: Worte reden und Sakramente verwalten. Alles Weitere bleibt dem Individuum überlassen. Für die evangelische Amtskirche war das Sozialwort *(Die Kirchen haben im Konsultationsprozess gelernt)* kein Auftakt zu einer Konzentration der Kräfte und Sammlung der Gottesgaben für eine Zukunft in Solidarität und Gerechtigkeit, sondern ein Schlusswort zu einer ihrer Meinung nach vergangenen Epoche. Auf dem breiten Trampelpfad des Neoliberalismus geht es sich besser als auf dem schmalen Pfad des Zeugnisses für soziale Gerechtigkeit. Im Lichte des Evangeliums betrachtet hat die evangelische Kirche damit einen Holzweg betreten, der ein Irrweg und eine Sackgasse ist.

In vielen Vorträgen und Seminaren hat der Verfasser die Hauptinhalte, die wichtigsten Analysen, die charakteristischen Thesen und die bemerkenswertesten Forderungen des Sozialworts vor allem aus dem Kapitel 2 *„Gesellschaft im Umbruch", dem Kapitel 4 „Grundkonsens einer zukunftsfähigen Gesellschaft"* und dem Kapitel 5 *„Ziele und Wege"* unter drei Begriffspaaren subsummiert und einen eigenen Zugang zu diesem so wichtigen kirchlichen Wort eröffnet. Die drei Begriffspaare lauten:

1. Freiheit und Gerechtigkeit
2. Armut und Reichtum
3. Arbeit und Leben

Zu allen drei Begriffspaaren wurde je eine Stichwortgraphik entwickelt, die Schlüsselbegriffe und wichtige Kurzformulierungen zur jeweiligen Thematik zusammenstellt und so ordnet, dass die Grundintentionen des Sozialworts verdeutlichet werden können.[2] Die Graphiken sprechen nur bedingt für sich selbst. Sie wurden entwickelt zur Verwendung bei Vorträgen, in Seminaren und für den Unterricht. Sie sollen eine visuelle Hilfe für eine erläuterndes und vertiefendes Gespräch abgeben, das Motivation stiften wollte zu einer eigenständigen Lektüre des oftmals nicht sehr eingängigen Textes des Sozialworts.

In diesem Buchbeitrag sollen nun nicht alle drei Graphiken und die darin gespiegelten Inhalte des Sozialwortes repetiert und kommentiert werden. Vielmehr wird an dieser Stelle vornehmlich auf des Begriffspaar „Armut und Reichtum" Bezug genommen

Es soll noch einmal an das im Sozialwort aufgeführte Konzept zur Überwindung der Armut in Deutschland erinnert werden, das im wesentlichen aus einer Sockelung der Leistungen der Sozialsysteme besteht in Höhe einer bedarfsorientierten Grundsicherung, die jedem Menschen zuteil werden soll. Ferner wird an die beachtlichen Äußerungen des Sozialworts zum Thema Reichtum erinnert, der endlich zum Thema der politischen Debatte gemacht werden soll. Die Argumentation des Sozialworts scheut nicht davor zurück, erhebliche Umverteilungen einzufordern.

Mit diesen Positionen werden dann ansatzweise aktuelle Stellungnahmen des Amtsprotestantismus zu Armut und Reichtum verglichen werden wie sie in der Denkschrift des Rates der EKD zur Armut in Deutschland „Gerechte Teilhabe" (2006) und in der Verlautbarung der Synode der EKD „Gerechtigkeit erhöht ein Volk – Armut muss bekämpft werden – Reichtum verpflichtet" (2006) vorliegen. Beide Veröffentlichungen nehmen keinen Bezug auf das Sozialwort und ignorieren dessen Positionen und Forderungen vollständig, so als habe es das Sozialwort nicht gegeben. Stattdessen nähert sich der Amtsprotestantismus in diesen aktuellen Veröffentlichungen nun den Gedankengängen des neoliberalen Mainstreams an. Der Sinn des Beitrags ist es, drauf zu verweisen, dass das Sozialwort nicht aktuell ist, sondern brandaktuell.

Gleichwohl sollen vorab einige Anmerkungen gemacht werden zu den Begriffspaaren „Freiheit und Gerechtigkeit" sowie „Arbeit und Leben". Hinter dem Begriffspaar „Freiheit und Gerechtigkeit" verbirgt sich in den Gedankengängen des Sozialworts ein leidenschaftliches Plädoyer für die soziale Marktwirtschaft.[3] Die Zeit nach dem erscheinen des Sozialworts ist immer stärker durch eine spezifisch deutsche Konfusion gekennzeichnet. Politik und Wirtschaft realisieren zunehmend neoliberale Maßnahmen, deklarieren zugleich aber das sich dadurch immer stärker verändernde Wirtschafts- und Gesellschaftssystem als eine Ordnung der sozialen Marktwirtschaft.[4] Demgegenüber hebt das Sozialwort die verloren gegangenen und/oder verloren zu gehen drohenden Prinzipien der sozialen Marktwirtschaft in der Zeit ihres Untergangs noch einmal unauslöschlich ein:

„Es (das Konzept der sozialen Marktwirtschaft Anm. d. A.) wird in der Bundesrepublik Deutschland seit fünf Jahrzehnten erfolgreich praktiziert. Die Freiheit des Marktes und der soziale Ausgleich waren dabei die tragenden Säulen. Die Kirchen sehen im Konzept der Sozialen Marktwirtschaft weiterhin…den geeigneten Rahmen für eine zukunftsfähige Wirtschafts- und Sozialpolitik. Das Leistungsvermögen der Volkswirtschaft und die Qualität der sozialen Sicherung sind wie zwei Pfeiler einer Brücke. Die Brücke braucht beide Pfeiler. Heute ist die Gefahr groß, dass die Wettbewerbsfähigkeit auf Kosten der sozialen Sicherung gestärkt werden soll. Nicht nur als Anwalt der Schwachen, auch als Anwalt der Vernunft warnen die Kirchen davor, den Pfeiler der sozialen Sicherung zu untergraben“ (9)

„Das Grundgesetz hat die Frage der Wirtschaftsordnung zwar offengelassen. Jedoch wurde ein Grundkonsens darüber erzielt, dass nur eine ‚bewusst sozial gesteuerte Marktwirtschaft‘ (A. Müller-Armack), deren Konzept wesentlich von den Kirchen beeinflusst wurde, in Betracht kommen kann. Hierunter wird eine staatlich gewährleistete Wirtschaftsordnung verstanden, die auf den Prinzipien eines in seinem Gebrauch dem Wohle der Allgemeinheit verpflichteten Privateigentums (Art. 14 Abs. 2 GG), eines funktionierenden Wettbewerbs und der sozialstaatlichen Absicherung der einkommen der Nicht-Erwerbstätigen beruht.… Das Leitbild der Sozialen Markwirtschaft stellt einen produktiven Kompromiss zwischen wirtschaftlicher Freiheit und sozialem Ausgleich dar. … Wesentlich für das Verständnis der Sozialen Marktwirtschaft ist, dass wirtschaftlicher Erfolg und sozialer Ausgleich als gleichrangige Ziele und jeweils der eine Aspekt als Voraussetzung der Verwirklichung des anderen begriffen werden“ (143)

Dem ist nun wirklich nichts hinzu zufügen, um zu erkennen und zu beschreiben, dass die Wirtschafts- und Sozialpolitik seit den frühen 80er Jahren bis in Gegenwart hinein einen neoliberalen Weg beschritten und das Konzept der sozialen Marktwirtschaft Zug um Zug außer Kraft gesetzt hat. Es ist das Kennzeichen des Neoliberalismus die Symbiose von Freiheit (der Unternehmen) und sozialer Gerechtigkeit zu negieren und der Freiheit des Marktes in radikaler Form zur Alleinherrschaft zu verhelfen.[5]

Unter dem Begriffspaar „Arbeit und Leben“ lassen sich die Ausführungen des Sozialworts zum Problem der Arbeitslosigkeit und ihrer Überwindung subsumieren. Die Verbindung zum Begriffspaar „Freiheit und Gerechtigkeit“ wird mit dem sehr anschaulichen Satz festgehalten: *„Nicht der Sozialstaat (ist) zu teuer, sondern die Arbeitslosigkeit.“* (19)

In der Frage der Arbeitslosigkeit sind die Ausführungen des Sozialworts in sich nicht stimmig. Ohne das es offen ausgesprochen wird, werden zwei in sich widersprüchliche Gedankengänge verfolgt, die man als „Option Vollbeschäftigung“ und als „Option Zukunft der Arbeit“ bezeichnen könnte. Die „Option Vollbeschäftigung“ folgt den traditionellen Wegen zur Beschreibung und Überwindung der Arbeitslosigkeit. Dabei wird allerdings im Unterschied zu vielen anderen Traditionalisten das Recht auf Arbeit sehr stark in den Vordergrund gerückt, weil Arbeit nicht nur der Existenzsicherung dient, sondern zugleich die notwendige Möglichkeit zur Führung eines den kulturellen Standards gemäßen Lebens eröffnet. Voraussetzung bleibt der traditionelle und heute bestreitbare Satz: *„Erwerbsarbeit bleibt auch in Zukunft Hauptzugang zum ‚Leben‘“*. (151). Die von daher vorgeschlagenen Wege aus der Arbeit folgen dem breiten Weg den Wirtschaft, Politik und Teile der Gewerkschaften gehen, der aber noch an kein Ziel geführt hat: Arbeit vermehren (Innovation), Arbeit teilen (mit Lohnverzicht), Arbeit öffentlich organisieren, Arbeit subventionieren (working poor vermeiden).

Die „Option Zukunft der Arbeit“ folgt einer anderen Logik, nämlich der Tatsache, dass digitalisierte Produktion und Verwaltung zugleich zu einer fortschreitenden Vertreibung der Erwerbsarbeit führen und zu immer größerem Reichtum der Gesellschaft. Daher sei es an der Zeit, die Dominanz der Erwerbsarbeit zu brechen und einen gesicherten Lebensunterhalt, die soziale Einbindung des Individuums und persönliche Entfaltungsmöglichkeiten des Einzelnen auch ohne Erwerbsarbeit zu bedenken und zu verwirklichen, indem beispielsweise viele andere Formen der menschlichen Tätigkeit gesellschaftlich aufgewertet werden. Von hier aus beschreitet das Sozialwort dann leider keine neuen Wege mehr in die Zukunft der Arbeit, die an Überlegungen von André Gorz, Ulrich Beck und Jeremy Rifkin hätten anknüpfen können.[6] Dennoch gibt es eine höchst bemerkenswerte Forderung, die auf einprägsame Weise die wichtigste Zukunftsaufgabe der politischen Gegenwart festhält, auf die der amerikanische Nobelpreisträger Wassily Leontief bereits Anfang der 80er Jahre hingewiesen hat. Angesichts der Tatsache, dass durch die digitale Revolution mit immer weniger menschlicher Arbeitskraft immer mehr gesellschaftlicher Reichtum erzeugt werden kann, kommt es jetzt darauf an, dass die Politik Maßnahmen ergreift, die *„eine breite und nachhaltige Einkommenssicherung“* für alle Mitglieder der Gesellschaft bewirken.

Das Thema „Armut und Reichtum“ spielt im Sozialwort eine verhältnismäßig gewichtige Rolle. Neu ist das Thema „Armut“ in diesem Zusammenhang nicht. Anders verhält es sich mit dem Thema „Reichtum“. Darüber wurde bis zum Erscheinen des Sozialworts in Deutschland so gut wie nie öffentlich debattiert, obwohl es schon immer dringend nötig gewesen wäre. Seit den 80er Jahren, sieht man einmal von dem Vorstoß Heiner Geißlers in den 70er Jahren ab, ist die öffentliche Diskussion über die neue Armut in Deutschland nicht wieder verstummt. Art und Umfang der Armut wurden in mehreren Armutsberichten und -studien immer wieder untersucht. Neben der Dokumentation der materiellen Armut wurde dann unterstrichen, dass materielle Armut Benachteiligungen unterschiedliche Lebenslagen zur Folge habe in den Bereichen Wohnung, Freizeit und Reisen, Gesundheit und Erholung, Bildung und Kultur. Wie sehr es in Deutschlands am politischen Willen zur Vermeidung und Verminderung der Armut fehlt, wird daran deutlich, dass das Sozialwort die Kinderarmut lebhaft beklagt, die damals mit einer Zahl von 409.000 aus dem Jahre 1994 angegeben wird. Bis zum Jahre 2004 werden 1,4 Millionen Kinder Armut gezählt. Diese große Zahl hat sich dann in drei Jahren bis zum Jahre 2007 verdoppelt auf 2,6 Millionen Kinder[7], ohne dass politische Maßnahmen ergriffen worden wären.

Das Sozialwort bleibt nicht bei analytischen Fakten stehen, sondern ist auf eine Überwindung der Armut aus und setzt dabei auf eine Reform der Sozialhilfe und der anderen Formen der sozialen Sicherung. Es sei in Deutschland die Aufgabe der Sozialhilfe, *„allen Menschen ein menschenwürdiges Leben zu ermöglichen“*. Um dieses Ziel zu erreichen, müsse durch eine Reform der Sozialhilfe ein *„Mindesteinkommen im Sinne einer individualisierten und bedarfsorientierten Grundsicherung angestrebt (werden)“*. Um die Sozialhilfe auf diesem Wege zu entlasten, sei es eine vordringliche Aufgabe, die vorrangigensozialen Sicherungssysteme *„armutsfest“* zu machen.

„Dabei ist insbesondere an eine Sockelung des Arbeitslosengeldes, der Arbeitslosenhilfe und letztlich auch des gesetzlichen Rente auf die Höhe des sozio-kulturellen Existenzminimums bei einem steuerfinanzierten Ausgleich für die Sozialversicherungen zu denken. Ein entscheidender Schritt zur Bekämpfung der verdeckten Armut wäre getan.“ (179)

Daneben müssen nach Auffassung des Sozialworts die Regelsätze dynamisiert und der Entwicklung der Lebenshaltungskosten und der durchschnittlichen Nettolohnentwicklung aller Arbeitnehmer(Nicht nur der unteren Lohngruppen) angepasst werden. Schließlich sollten *„die Arbeitseinkommen … nur zu einem bestimmten Teil auf die Höhe der bedarfsorientierten Leistungen angerechnet werden, damit sich für ihre Empfänger die Aufnahme einer legalen Erwerbstätigkeit lohnt.“* (181) Letztlich müsse auch das System der Bedarfprüfungen einer strengen Überprüfung zugunsten der Betroffenen unterzogen werden.

Die Politik hat dieses durchdachte und abgerundete Programm zur Linderung und Minderung der Armut in Deutschland vollends unbeachtet gelassen und ist den bekannten Weg über die sogenannten Hartz-Gesetze gegangen, die nach Auskunft des Deutschen Instituts für Wirtschaftsforschung unter dem Strich die Armut in Deutschland wie erwähnt nicht vermindert, sondern vermehrt haben. Diese rigide Vorgehensweise der Politik ist auch dadurch begünstigt worden, dass die Kirchen selbst im Anschluss an das Sozialwort nicht den geringsten Versuch gemacht, das Reformkonzept in die politische Diskussion einzuspeisen und seine Operationalisierung mit ihren Mitteln zu betreiben.

Die Evangelische Kirche hat es nicht nur unterlassen, ihr eigenes Konzept ernst zu nehmen und zu verfolgen. In den Jahren nach dem Sozialwort hat sie einen ganz anderen Weg eingeschlagen.

Die Kammer für soziale Ordnung der Evangelischen Kirche in Deutschland (EKD) hat eine neue Denkschrift verfasst, die vom Rat der EKD übernommen und im Sommer 2006 veröffentlicht wurde. Titel und Untertitel lauten: *Gerechte Teilhabe. Befähigung zu Eigenverantwortung und Solidarität. Eine Denkschrift des Rates der Evangelischen Kirche in Deutschland zur Armut in Deutschland.* Dies Veröffentlichung ist ein schöner Beitrag zum Zeitgeist in angemessener evangelischer Denkschriftensprache, in traditioneller Verfahrensweise mit ausgewogener Argumentation, hervorragenden Analysen und klugen Überlegungen. Ein Text zum Thema Armut der seinesgleichen sucht

Der Leser ist gespannt, wie die neue Denkschrift mit der Tatsache umgeht, dass die Kirchen ihr damals formuliertes Programm gegen Armut nicht verwirklicht, ja nicht einmal in Ansätzen in Angriff genommen haben. Eine Bilanz wäre schön gewesen. Nichts dergleichen, das Sozialwort ist vergessen, wenn auch hier wieder wie schon dort von der „Option für die Armen" die Rede ist.

Die neuen Akteure beginnen wieder einmal ganz von vorne an und besteigen die Achterbahn des neoliberalen Zeitgeistes. Es geht in erster Linie den Begriff Verteilungsgerechtigkeit im Blick auf die menschliche Armut so zu relativieren, dass er nicht zur Verteilungsfrage oder gar zu Umverteilungsforderungen führen kann. Deshalb entsteht nun folgende Gewichtung. Armut ist zwar immer noch ein materielles Problem, *„aber sie kann nicht auf ihre materielle Dimension reduziert werden. …Wird Gerechtigkeit auf eine - eng verstandene – Verteilungsgerechtigkeit reduziert, entsteht die Gefahr des Wohlfahrtspaternalismus, der durch bloße Finanztranfers lediglich die Abhängigkeiten verstärkt, aber nicht zu eigenverantwortlichem Handeln ermächtigt."* (44)

Abgesehen davon, dass man in Deutschland noch keinen Wohlfahrtspaternalismus, den es bei demokratischer Gesetzgebung wohl auch nicht geben kann, hat wahrnehmen können und trotz einer nicht ganz nachvollziehbaren Begriffsbildung, sieht die sozialethische Systematik der Denkschrift wie folgt aus:

Verteilungsgerechtigkeit (Geld genug für Nahrung, Kleidung, Wohnung, Gesundheit, Unterhaltung und Bildung) wird in ihrer Bedeutung im Kampf gegen Armut nicht eliminiert wie bei den Zeitgeistparteien, aber deutlich relativiert zugunsten einer nachdrücklich betonten, aber immer noch nebulösen Befähigungsgerechtigkeit, die den armen Menschen helfen soll, am gesellschaftlichen Leben teilzuhaben durch eigene Anstrengungen natürlich und institutionelle Ressourcen. Beides zusammen genommen, die Synthese aus Verteilungsgerechtigkeit und Befähigungsgerechtigkeit, heißt dann Beteiligungsgerechtigkeit oder wie der Titel unterstreicht „Gerechte Teilhabe". Friedhelm Hengsbach nennt das Gedankenstück eine „zauberhafte Synthese".[8]

Auf der einen Seite kann man nun den materiellen Aspekt des Lebens armer Kinder und armer Familien mit dem Zeitgeist und gemeinsam mit dem politischen Mainstream vernachlässigen und das Armutsprogramm des Sozialworts endgültig beerdigen. Auf der anderen Seite kann man sich dann wortreich in Segmenten der System- und Lebenswelt ausbreiten, um nach befähigenden Wegen aus der Armut zu suchen: Sozialstaat, Wirtschaft, Bildung, Familie, Diakonie, Kirchengemeinde. Was können sie dazu beitragen, Befähigungsgerechtigkeit für Arme zu gewährleisten, damit diese zur gerechten Teilhabe gelangen? Das ist dann ein weites Feld. Den meisten Raum beanspruchen hier die Erörterungen zum Thema Bildung. Eine neue fabelhafte Formulierung wird kreiert. Ging es im Sozialwort um *„armutsfeste Sozialsysteme"*, geht es der neuen Denkschrift um die Schaffung *„eines armutsverringerndes Bildungssystems"*. Aber diesmal kommt es gar nicht erst zur Formulierung eines Programms. Es bleibt bei klugen Erörterungen, deren Konsequenzen geschickt vermeiden werden, obwohl der Weg klar ist.

Ein *„armutsverringerndes Bildungssystem"* zur Förderung gerechter Teilhabe müsste eine grundlegende Reform des Kindergartens und des Vorschulbereichs umfassen. An erster Stelle steht hier die Hochschulausbildung des Lehrpersonals für kompensatorische Erziehung. Hinzu kommt die durchdachte und umfassende Etablierung einer kultivierten gemeinsamen Ganztagsschule für die Klassen eins bis 4 und 5 bis 10[9]. Damit ist klar: Auf dem Wege von der Verteilungsgerechtigkeit zur Befähigungsgerechtigkeit lässt sich kein Geld sparen. Verteilungsgerechtigkeit (das sozio-kulturelle Existenzminimum für alle Menschen) kostet viel Geld. Befähigungsgerechtigkeit (reale Entwicklungsmöglichkeiten für alle Menschen) kostet noch mehr Geld. Da die Machtstrukturen eine Besteuerung in Wirtschaft und Gesellschaft nach Leistung streng verbieten, fehlt der politische Wille in Deutschland, die steigende Armut zu bekämpfen. Armut ist ausschließlich ein materielles Problem, welches im neoliberalen Kapitalismus unlösbar ist.

Bei einer Vortragsveranstaltung des Verfassers zum Thema Armut meldete sich jüngst in der Diskussion ein armer Mann zu Worte und sagte:

„Ich habe nur einen Wunsch. Ich möchte einmal mit einem 50 Euroschein durch einen ganz normalen Supermarkt gehen und mir das kaufen, was ich gerne haben möchte." Den Zuhörerinnen und Zuhörern wurde da ganz beklommen zumute.

Solange die Männer und Frauen, die in unserem Lande über das Vorhandensein oder die Abwesenheit von Armut zu entscheiden haben, ihre Speisen in Zwei-Stern-Restaurants zu sich nehmen und jederzeit beliebig viele 500 Euroscheine zur Verfügung haben, um edle Lebensmittel bei Feinkost Schäfer oder Käfer zu ordern, solange wird sich an der Lage der Armen in Deutschland nichts ändern und die Tafelbewegung sich weiter ausbreiten. Leider har die Evangelische Kirche durch das Sozialwort nichts gelernt. Es bleibt nicht nur aktuell, es ist brandaktuell!

Bis zum Erscheinen des Sozialworts war es in Kirche und Gesellschaft, Parteien und Politik, Wirtschaft und Gewerkschaften nicht üblich über Reichtum in Deutschland zu sprechen. Das Thema war eine Tabu, wer es anstoßen wollte, wurde niedergemacht mit den Begriffen Sozialneid oder gar Klassenhass. Das Sozialwort hat das Tabu gebrochen. Es lohnt sich, die diesbezüglichen Aussagen einmal hintereinander zu lesen[10]

„Verlässliche Daten über die Vermögensverteilung und –entwicklung in Deutschland liegen in ausreichendem Umfang nicht vor. … Es bedarf deshalb nicht nur eines regelmäßigen Armutsberichts, sondern darüber hinaus auch eines regelmäßigen **Reichtumsberichts***.* (219)

„Nicht nur Armut, sondern auch Reichtum muß ein Thema der politischen Debatte sein. **Umverteilung ist gegenwärtig häufig die Umverteilung des Mangels, weil der Überfluss auf der anderen Seite geschont wird.** *Es geht deshalb nicht allein um eine breitere Vermögensbildung und –verteilung. Aus sozialethischer Sicht gibt es auch solidarische Pflichten von Vermögenden Sozialpflichtigkeit des Eigentums. Die Leistungsfähigkeit zum Teilen und zum Tragen von Lasten in der Gesellschaft bestimmt sich nicht nur nach dem laufenden Einkommen, sondern auch nach dem Vermögen.* **Werden die Vermögen nicht in angemessener Weise zur Finanzierung gesamtstaatlicher Aufgaben herangezogen, wird die Sozialpflichtigkeit in einer wichtigen Beziehung eingeschränkt oder gar aufgehoben.** (220)

Die Kirchen setzen sich deshalb seit langem für eine gerechtere und gleichmäßigere Verteilung des Eigentums und nicht zuletzt für eine verstärkte Beteiligung der Arbeitnehmerinnen und Arbeitnehmer am Produktivvermögen ein. **Das Ziel einer sozial ausgewogenen und gerechteren Vermögensverteilung in Deutschland ist bei weitem nicht erreicht.** (216)

In der Perspektive einer christlichen Ethik muß … alles Handeln und Entscheiden in Gesellschaft, Politik und Wirtschaft an der Frage gemessen werden, inwiefern es die Armen betrifft, ihnen nützt und sie zu eigenverantwortlichem Handeln befähigt. Dabei zielt die biblische Option für die Armen darauf, Ausgrenzungen zu überwinden und alle am gesell-

schaftlichen Leben zu beteiligen. ... **Sie verpflichtet die Wohlhabenden zum Teilen und zu wirkungsvollen Allianzen der Solidarität.** *(107)*

Diejenigen, die am meisten Einfluss haben, weil sie über eine größere Anzahl von Gütern und Dienstleistungen verfügen, sollen sich verantwortlich für die Schwächsten fühlen und bereit sein, **Anteil an ihrem Besitz zu geben.** *... Die Gruppen der Mittelschicht ihrerseits sollten nicht in egoistischer Weise auf ihrem Eigenvorteil bestehen, sondern auch die Interessen der anderen beachten.* (117)

„Auch angesichts knapper öffentlicher Kassen bleibt es sinnvoller, Arbeit statt Arbeitslosigkeit zu finanzieren. Arbeit ist genügend vorhanden. **Es müssen Mittel und Wege gefunden werden, den gesellschaftlichen Reichtum so einzusetzen, da? sie auch bezahlt werden kann.** *“* (174)

Vergleichbares ist zum Thema Reichtum in Deutschland ist in der sozialpolitischen Diskussion der Nachkriegszeit des vergangenen Jahrhunderts noch nie öffentlich und institutionell gesagt worden. Mehr muss aus sozialethischer Sicht auch nicht gesagt werden.

Nimmt man einmal das letzte Zitat (174) und vergleicht es mit der Position des Neoliberalismus, so könnte es keine drastischere Differenzdarstellung geben. Neoliberal gewendet lauten die beiden Sätze:

Auch angesichts knapper öffentlicher Kassen bleibt es sinnvoller, Arbeit statt Arbeitslosigkeit zu finanzieren. Arbeit ist genügend vorhanden. Es müssen Mittel und Wege gefunden werden, *die Arbeitskosten so zu senken,* dass sie auch bezahlt werden kann.

Die Positionen des Sozialworts beinhalten also einen massiven Angriff gegen die Politik des Neoliberalismus. Ein Dilemma wird im ersten Zitat (219) ausgesprochen. Eine rationale Diskussion über Reichtum in Deutschland ist auch und gerade deshalb nicht möglich, weil es keine brauchbare oder gar umfängliche statistische Grundlage gibt. Die gewaltigen Ausmaße des privaten Reichtums sind unbekannt. Das ist eine mehr als beschämende Situation in einem statistisch hoch entwickelten Land, aber diese Situation ist politisch gewollt, sonst gäbe es sie nicht. Immerhin fordert das Sozialwort die Anfertigung eines Reichtumsberichts, um diesen Skandal zu beenden.

Und an dieser Forderung kann dann auch ein Stück Wirkungsgeschichte des Sozialworts verfolgt werden.

Kaum war hier die Forderung erhoben worden: *„Es bedarf nicht nur eines regelmäßigen Armutsberichts, sondern darüber hinaus auch eines Reichtumsberichts“,* da war mit Berufung darauf bereits im folgenden Jahr 1998 das Institut der Deutschen Wirtschaft mit einer Veröffentlichung auf dem Markt unter dem Titel „Verdienst, Vermögen und Verteilung“ und dem anspruchsvollen Untertitel „Reichtumsbericht Deutschland“ (Köln

1998). Auf sparsamen 77 Seiten wird von 4 Autoren kurz und bündig dargelegt, *„dass an den langfristig beträchtlichen materiellen Wohlstandsgewinnen alle Einkommensschichten und sozialen Gruppen partizipiert haben."*

In der Fachwelt ist der „Reichtumsbericht Deutschland" des Instituts der Deutschen Wirtschaft auf vernichtende Kritik gestoßen: *„Der Reichtumsbericht kennt selbstverständlich die Fragwürdigkeit seiner Datenlage, aber er vermeidet es sorgfältig, die sich daraus ergebenden Fragwürdigkeiten seiner Schlüsse und Befunde offen zu legen. Er schöpft nicht einmal die beschränkten Möglichkeiten der genannten Statistiken aus, um ein möglichst vollständiges Bild zu zeichnen. Und er fordert keineswegs eine verbesserte statistische Erfassung und eine aussagekräftige amtliche Verteilungsrechnung. Vielmehr tut er so, als wisse man durchaus, was man wissen muss, und nutzt die klägliche Datenlage aus, um Informationslücken ideologisch zu schließen....Das sind keine wissenschaftlichen Befunde, sondern pure Ideologie zur Verschleierung sozialer Ungleichheit."*[11]

Auch die offizielle Regierungspolitik reagierte sehr rasch auf die im Grunde sehr einleuchtende Forderung der Kirchen. In jenen Jahren gab es Bemühungen in der SPD-Fraktion im Bundestag um einen regierungsamtlichen Armutsbericht. Und es ist sicher auf entsprechenden Passagen im Sozialwort zurückzuführen, dass die SPD-Bundestagsfraktion bereits in einem Antrag vom 4. Juni 1997 die Vorlage eines nationalen Armuts- und Reichtumsberichts fordert mit der Begründung: *„Armut und Reichtum sind schließlich zwei Seiten derselben Medaille. ... Armuts- und Reichtumsberichterstattung ist die Voraussetzung für eine gerechte Verteilung des gesellschaftlichen Wohlstands und damit für die Beseitigung der Armut."*

In der Koalitionsvereinbarung zwischen SPD und Bündnis 90/Die Grünen unter dem Titel „Aufbruch und Erneuerung – Deutschlands Weg ins 21. Jahrhundert" vom 20. Oktober 1998 wird unter dem Untertitel *„5. Bekämpfung der Armut - Arbeit statt Sozialhilfe"* festgehalten: *„Die Bekämpfung der Armut ist ein Schwerpunkt der Politik der neuen Bundesregierung. Besonders die Armut von Kindern muss reduziert werden. Die neue Bundesregierung wird regelmäßig einen Armuts- und Reichtumsbericht erstatten."*

Im Mai 1999 legten die Fraktionen der SPD und von Bündnis 90/Die Grünen dem Bundestag einen konkreten Antrag vor *„Nationale Armuts- und Reichtumsberichterstattung"*, darin heißt es:

„Der Deutsche Bundestag fordert die Bundesregierung auf, im Jahre 2001 einen nationalen Armuts- und Reichtumsbericht vorzulegen. Die Bundesregierung hat dafür Sorge zu tragen, dass ein solcher Bericht nicht zu einem Zahlengrab wird. Daher soll sie folgende Anforderungen beachten:" Die dann folgenden Anforderungen beziehen sich dann doch

wieder fast ausschließlich auf das Armutsthema. Die speziellen Intentionen eines Reichtumsberichts bleiben unerwähnt.

Daraufhin hat das Bundesministerium für Arbeit und Sozialordnung, dem die Federführung für dieses Projekt dann übertragen wurde und nicht etwa dem Finanzministerium, die ISG Sozialforschung und Gesellschaftspolitik GmbH in Köln mit der Vorbereitung und Erstellung eines Armuts- und Reichtumsbericht der Bundesregierung beauftragt. Im September 1999 veröffentlichte diese Institution unter der Herausgeberschaft des Bundesministeriums für Arbeit und Sozialordnung eine *„Konzept- und Umsetzungsstudie zur Vorbereitung des Armuts- und Reichtumsberichtes der Bundesregierung“*.

Mit großer Umsicht und ausgeprägtem Problembewusstsein nähert sich diese Studie ihrem Thema und zieht ein eher skeptisches Fazit:

„Grundsätzlich bleibt festzuhalten, dass Methodik und Datenlage zur Erstellung eines Reichtumsberichts noch weiter zu entwickeln sind; ob es aber überhaupt möglich sein wird, die obersten Einkommen und Vermögen in statistisch zuverlässiger Weise zu erfassen, erscheint auf dem derzeitigen Forschungsstand zumindest zweifelhaft.“

Daher darf es nicht verwundern, dass die politische Reichtumsberichterstattung eher im Sande verlaufen ist. Im April des Jahre 2001 erschien der 1. Bericht unter der Überschrift „Lebenslagen in Deutschland – Armuts- und Reichtumsbericht der Bundesregierung“. Es stellte sich heraus, dass es sich dabei im wesentlichen um einen Armutsbericht handelte. Die Erkenntnisse über Reichtum waren quantitativ und qualitativ eher spärlich. Die Begründung dafür liefert der Bericht selbst:

„Da bisher noch kein fundierter und operationaler Reichtumsbegriff entwickelt worden ist, wird im Rahmen des vorliegenden Berichts von der Festlegung von Reichtumsgrenzen abgesehen. Vielmehr wird der Versuch unternommen, einen ungefähren Eindruck über den Bereich sehr hoher Einkommen und Vermögen zu gewinnen. Dabei kann es sich auch wegen gravierender Unzulänglichkeiten der empirischen Grundlage nur um näherungsweise Schätzungen handeln. … Längerfristig ist eine Überprüfung und Weiterentwicklung der Methodik der Reichtumsmessung erforderlich.“

Das wichtigste Ergebnis des ersten nationalen Reichtumsberichts der Bundesregierung ist also die Feststellung, dass es einen nationalen Reichtumsbericht, der diesen Namen verdient, auf absehbare Zeit nicht geben kann, da es nichts zu berichten gibt über das, was man nicht kennt.

Im Jahre 2005 erschien der nächste regierungsamtliche Bericht unter der Überschrift „Lebenslagen in Deutschland – Der 2. Armuts- und Reichtumsbericht der Bundesregierung“. Da in den vier Jahren die *„gravierenden Unzulänglichkeiten der empirischen Grundlage“* nicht behoben werden konnten oder sollten, ist der Reichtumsbericht wieder ein Armutsbericht oder eher eine allgemeiner Sozialbericht geworden, der die Anliegen des Sozialworts nicht weiterführt, sondern vergessen lässt.

Auffällig und nicht zufällig ist die Tatsache, dass es in der Einleitung zu diesem Bericht einige Ausführungen zum Gerechtigkeitsbegriff gibt, wie sie dann ein Jahr später in der Armutsdenkschrift der EKD wieder auftauchen. Unter dem Anspruch der Modernisierung des Gerechtigkeitsbegriffs wird vorgetragen, dass Gerechtigkeit als Verteilungsgerechtigkeit verstanden, nur ein heute unzulängliches Verständnis dieses Begriffs wiedergebe. Hilfreich und wichtig sei eine Interpretation als Befähigungs- und Beteiligungsgerechtigkeit. Also auch hier eine deutliche Tendenz zur Entschärfung der sozialen Frage, die sich im Lande von Jahr zu Jahr mehr zuspitzt. Je stärker die Verteilungsfrage sich durch die Resultate der neoliberalen Politik aufdrängt, desto deutlicher wird sie, wie man jetzt sagen kann, von der Politik im Verein mit der Kirche zurückgedrängt

Man kann nicht sagen, dass in der Ev. Kirche zum Thema Reichtum nach dem Sozialwort gar nichts geschehen ist. Es ist schon das Problembewusstsein dafür gewachsen, dass die Themen Armut und Reichtum unauflöslich zusammen hängen. Ein Indiz dafür liefert die EKD-Synode im Jahre 2006, die sich sehr bald nach dem Erscheinen der Armutsdenkschrift mit den Themen Armut und Reichtum beschäftigen wollte. Natürlich ging es in erster Linie wieder nur um Armut, aber immerhin beendete die Synode ihre Beschäftigung mit dem Thema durch eine, wie es in der Kirchensprache heißt, „Kundgebung", die sie unter dem Titel „Gerechtigkeit erhöht ein Volk – Armut muss bekämpft werden – Reichtum verpflichtet" veröffentlichte.

Die in dieser Kundgebung vorgetragenen Gedanken zur Armut in Deutschland sollen hier jetzt einen Moment außeracht bleiben, weil an dieser Stelle die Ausführungen zum Thema Reichtum von großem Interesse sind.

Es versteht sich fast von selbst, dass die Kundgebung mit keiner Silbe an die Ausführungen zum Thema Reichtum im Sozialwort anknüpft. Stattdessen geht die Synode einen schönen neoliberalen Sonderweg. Zwar wird die wachsende soziale Ungleichheit im Lande beklagt und die spalterische Entwicklung von Armut und Reichtum skizziert. Es wird auch an die Verantwortung der Reichen und die Politik appelliert, der zunehmenden Ungleichheit entgegenzutreten, die soziale Marktwirtschaft zu erhalten, sich an die Sozialpflichtigkeit des Eigentums zu erinnern und Wohlstand für alle im Blick zu haben.

Aber in dem Allen gelingen der Synode so kunstvolle und einmalige Formulierungen, die die Forderungen nach der „Option für die Armen" unter der Hand in Verheißungen für eine „Option für die Reichen" verwandeln. So heißt es in einem Atemzug:

„Aber Besitzer hoher Einkommen und Vermögen müssen stärker als in den letzten Jahren Verantwortung für das Gemeinwesen übernehmen. Dazu müssen sie vom Staat in die Pflicht genommen werden. Dankbar nehmen wir zur Kenntnis, wenn Reiche zum Beispiel über Stiftungen oder Spenden einen zusätzliche Beitrag zum sozialen Ausgleich leisten.“

Nach dem zweiten Satz dieses Zitats würde man nun Forderungen nach der Wiedereinführung der Vermögenssteuer, nach eine gerechten Erbschaftssteuer oder der Wiederherstellung sozialpflichtiger Spitzensteuersätze bei der veranlagten Einkommensteuer erwarten. Stattdessen wird nach amerikanischem Muster das neoliberale Loblied auf die Güte der Reichen und ihres Reichtums angestimmt, das alle möglichen Forderungen nach einer sozialen Gerechtigkeitspolitik übertönt. Aber es kommt noch besser. Im letzten Abschnitt der Kundgebung heißt es:

„Das Streben nach Wohlstand gehört zum Leben des Menschen. Reichtum kann eine gute Gabe in der Schöpfung Gottes sein. Reichtumsvermehrung darf jedoch nicht die Lebensgrundlagen und Teilhabechancen anderer gefährden. Reichtum muss dem Gemeinwohl heute und in der Zukunft dienen. Der gerechten Verwendung von Reichtum, die den Menschen Freiheit und Teilhabe ermöglicht, ist Gottes Segen verheißen.“

Hier sticht ein neuprotestantisch-anthropologischer unerhörter Spitzensatz von großer Kühnheit ins Auge: *„Das Streben nach Wohlstand gehört zum Leben des Menschen.“* Nein, dieser Satz stammt nicht aus dem Munde Jesu, da haben wir andere Sätze im Ohr. Dieser Satz ist speziell der Synode der EKD eingefallen. Das ändert nichts an der Tatsache, dass dieser Satz theologisch absurd und empirisch falsch ist.

Solche Gefälligkeitsanthropologie lässt sich selbst im neoliberalen Kapitalismus immer noch nicht empirisch belegen. Auch heute noch werden Menschen Künstlerinnen, Tänzerinnen, Lehrerinnen. Das Streben der kleinen Leute nach Zufriedenheit und Glück richtet sich nach allen empirischen Umfragen, die heute vorliegen, nicht primär auf materiellen Wohlstand, sondern findet nach Meinung der Befragten Erfüllung in Freundschaft, Partnerschaft und Familie, kurz in der Liebe. Das sollte die Kirche am ehesten verstanden haben.

Daneben findet sich in diesem Zitat derselbe pseudo-irenische Mechanismus wie zuvor, der keine lautere Argumentation darstellt, sondern zum Wohle der Reichen an Trickserei grenzt. Wieder werden soziale Ungerechtigkeiten, zwar nicht gerade beim Namen genannt, aber doch nicht unerwähnt gelassen (darf nicht, muss). Jedoch werden sie sogleich von den höchsten Gnadenerweisen des Herrn eingerahmt und von deren Helligkeit verdrängt (Gabe Gottes, Gottes Segen), sodass von einer kritisch-konstruktiven Option für mehr soziale Gerechtigkeit rein gar nichts mehr zu sehen ist. Am ende bleibt eindankbarer Kniefall vor den Reichen im Gedächtnis

So macht der Amtsprotestantismus wieder einmal seinen Frieden mit den Reichen und dem Reichtum, so wie er in der alten Kirche nach anfänglichen Schwierigkeiten alsbald erreicht[12] und unter uns immer wieder aktualisiert worden ist. Der Reichtum wird individualethisch personalisiert und dem Reichen wird auferlegt, sich um einen menschenfreundlichen Umgang mit der Fülle des Seinen zu bemühen. Das reicht. Aber diese Sicht ist naiv und falsch. Es gibt nicht den Reichtum an und für sich mit dem man so oder so umgehen kann oder soll. Der Reichtum ist eingebunden in Strukturen und Regeln der Macht, der Ökonomie und immer noch des Rechts. Nicht die Menschen gehen mit dem Reichtum um, sondern der Reichtum mit den Menschen. Der Reichtum unterliegt nicht der Verfügung des Individuums, sondern der Logik des Kapitals und dem Verwertungszwang des Vermögens.

Nachdem das Sozialwort kraftvoll eine neue Diskussion über den Reichtum und seine Ethik angestoßen hatte, ist der Amtsprotestantismus bald wieder in alte Gewässer zurückgekehrt, um seinen Frieden zu haben.

Ein abschließendes Resümee zur Wirkungsgeschichte des Sozialworts erübrigt sich nach den vorstehenden Überlegungen. Dennoch bleibt festzuhalten: Das Sozialwort entstand in einer Art Sternstunde moderner kirchlicher Sozialethik und wird in der Kirchengeschichte immer wieder entdeckt werden können und seine Leuchtkraft erneut entfalten. Es war, ist und bleibt.

1. Freiheit und Gerechtigkeit

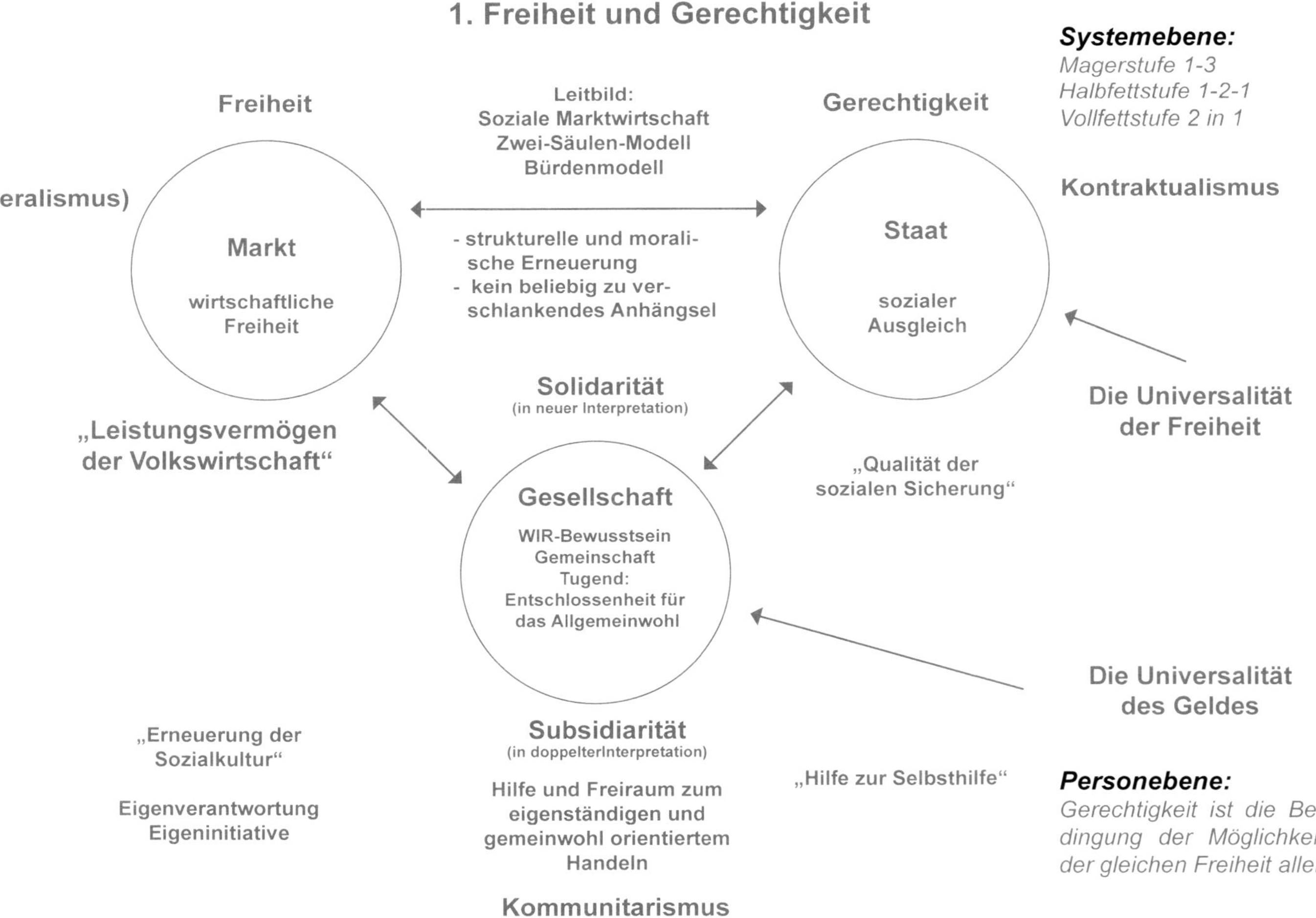

2. Armut und Reichtum

ARMUT in der Wohlstandsgesellshaft

die Armut bekämpfen
der Armut entgegenwirken
die Armut beseitigen (ausrotten)
Analyse und Definition: EU

distributiv

Reichtumsbericht

Reichtum
keine Analyse
keine Zahl
keine Definition

intensiv

Verpflichtung und Ziel:
„jedem Menschen in Deutschland ein
menschenwürdiges Leben ermöglichen"
durch „eine individualisierte und bedarfsorientierte
Grundsicherung"

Kernaussage:
Vermögen
Auch Reichtum muß ein Thema der
politischen Debatte sein. Umverteilung ist
gegenwärtig häufig die Umverteilung des
Mangels, weil der Überfluß auf der anderen
Seite geschont wird. (220)

**Programm zur Ausrottung der Armut
in Deutschland**

— steuerfinanziert —

**Der Imperativ zur Umverteilung von oben
nach unten**

Weg: (BIG)
1. Dynamisierung der Regelsätze (Lebenshaltungskosten, Nettolöhne)
2. Das Lohnabstandsgebot ist erfüllt
3. Die vorrangigen Systeme der soz. Sicherung werden „armutsfest" gemacht
   durch Sockelung in Höhe des soziokulturellen Existenzminimus
4. Lediglich partielle Anrechnung der Erwerbseinkommen auf Sozialeinkommen
   bei Arbeitsaufnahme (Mixeinkommen)
5. Reform der „Bedarfsprüfungen"

sektorale nicht systematische Pflichtethik:

Option für die Armen
verpflichtet die Wohlhabenden zum Teilen

Solidarität
Diejenigen, die am meisten
Einfluß haben, weil sie über
eine größere Zahl von Gütern
und Dienstleistungen verfügen,
sollen sich verantwortliche für
die Schwächeren fühlen und
bereit sein, Anteil an ihrem
Besitz zu geben. (117)

Arbeitslosigkeit abbauen
Arbeit ist genügend vorhanden. Es müssen Mittel und
Wege gefunden werden, den
gesellschaftlichen Reichtum
so einzusetzen, daß sie auch
bezahlt werden kann. (174)

Ergänzungen:
a) Wegfall der Bedarfsprüfungen
b) Pauschalisierung der Elemente

3. Arbeit und Leben

Menschenrecht auf Arbeit und ein neuer Arbeitsverständnis (4.4)

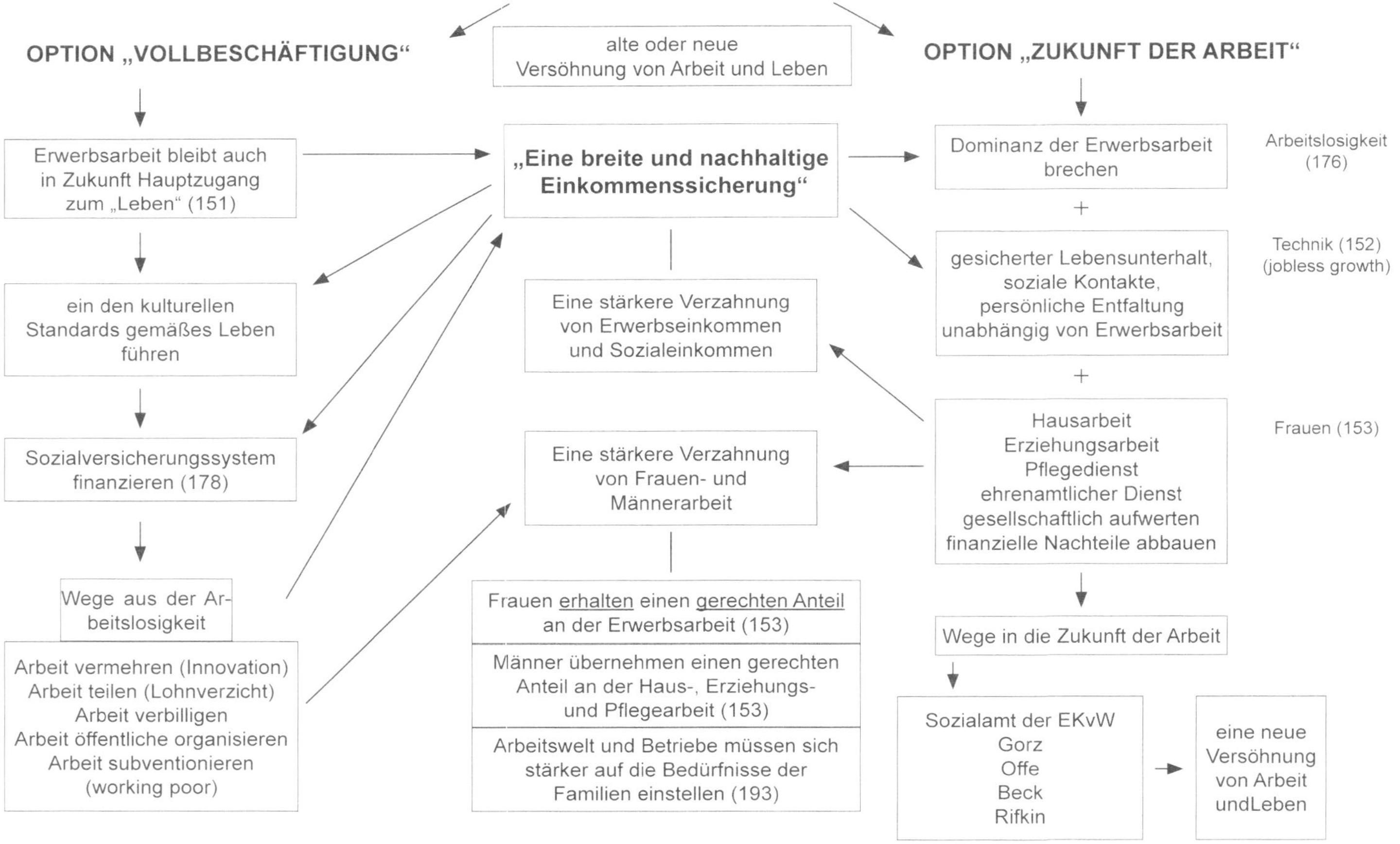

alte oder neue
Versöhnung von Arbeit und Leben

OPTION „VOLLBESCHÄFTIGUNG"

OPTION „ZUKUNFT DER ARBEIT"

Erwerbsarbeit bleibt auch in Zukunft Hauptzugang zum „Leben" (151)

„Eine breite und nachhaltige Einkommenssicherung"

Dominanz der Erwerbsarbeit brechen

Arbeitslosigkeit (176)

+

ein den kulturellen Standards gemäßes Leben führen

Eine stärkere Verzahnung von Erwerbseinkommen und Sozialeinkommen

gesicherter Lebensunterhalt, soziale Kontakte, persönliche Entfaltung unabhängig von Erwerbsarbeit

Technik (152) (jobless growth)

+

Sozialversicherungssystem finanzieren (178)

Eine stärkere Verzahnung von Frauen- und Männerarbeit

Hausarbeit
Erziehungsarbeit
Pflegedienst
ehrenamtlicher Dienst
gesellschaftlich aufwerten
finanzielle Nachteile abbauen

Frauen (153)

Wege aus der Arbeitslosigkeit

Frauen _erhalten_ einen _gerechten Anteil_ an der Erwerbsarbeit (153)

Wege in die Zukunft der Arbeit

Arbeit vermehren (Innovation)
Arbeit teilen (Lohnverzicht)
Arbeit verbilligen
Arbeit öffentliche organisieren
Arbeit subventionieren
(working poor)

Männer übernehmen einen gerechten Anteil an der Haus-, Erziehungs- und Pflegearbeit (153)

Arbeitswelt und Betriebe müssen sich stärker auf die Bedürfnisse der Familien einstellen (193)

Sozialamt der EKvW
Gorz
Offe
Beck
Rifkin

eine neue Versöhnung von Arbeit undLeben

Anmerkungen

[1]   Veröffentlicht in: Zeitschrift für Evangelische Ethik 47 Nr. 2 2003 153-155.

[2]   Die drei Graphiken sind auf je einer Seite am Schluss dieses Beitrags abgedruckt.

[3]   Zum Folgenden s.a. vom Verfasser: Vom Sozialstaat zum Sozialmarkt? In: Wolfgang Belitz, Jürgen Klute, Hans-Udo Schneider: Menschen statt Märkte, Münster 2006, S. 95-140.

[4]   Vgl. vom Verfasser die Kolumne „Konfusion" in der Zeitschrift AMOS 1/2008.

[5]   Der Verfasser hat in zahlreichen Kolumnen der Zeitschrift AMOS von 1998 bis heute das Ende der sozialen Marktwirtschaft und den Sieg des Neoliberalismus immer wieder beschrieben und auch in einem umfangreicheren Aufsatz dargelegt: „Man muss neue Wege beschreiten, um soziale Gerechtigkeit zu erreichen." In: Wolfgang Belitz, Jürgen Klute, Hans-Udo Schneider: Zukunft der Arbeit in einem neuen Gesellschaftsvertrag, Münster [3]2003, S. 33-82.

[6]   Wolfgang Belitz, Jürgen Klute, Hans-Udo Schneider haben in ihrem Buch „Zukunft der Arbeit in einem neuen Gesellschaftsvertrag", Münster [3]2003, unter Rückgriff auf ihre bereits weiter zurückliegenden früheren Überlegungen diese Ansätze des Sozialworts aufgegriffen und zu einem Gesellschaftskonzept entwickelt, in dem eine neue Versöhnung von Arbeit und Leben zum Vorschein kommt.

[7]   Angaben des Deutschen Kinderschutzbundes, Frankfurter Rundschau 17. Oktober 2007.

[8]   Frankfurter Rundschau vom 22. Juli 2006.

[9]   Vgl. die Kolumne des Verfassers zu diesem Reformprogramm in AMOS 2/2004.

[10]   Die Hervorhebungen in den Zitaten stammen vom Verfasser.

[11]   Peter Bartelheimer, Thomas von Freyberg: Wo sind sie geblieben, die Reichen, die reicher wurden? In: Frankfurter Rundschau, Dokumentation 24. September 1998 S. 10.

[12]   Vgl. vom Verfasser: „Denn wo dein Schatz ist, da ist auch dein Herz – sozialethische Reflexionen zum Reichtum" In: Konrad von Bonin (HG): Deutscher Evangelischer Kirchentag Ruhrgebiet 1991 Dokumente, München 1991, S. 306-313.

Jürgen Klute

Von der Option für die Armen
zum evangelischen Profil: Ein Paradigmenwechsel

Die vorrangige Option für die Armen

In der vorrangigen Option für die Armen sieht das Sozialwort das Leitmotiv gesellschaftlichen Handelns, in dem sich die Einheit von Gottes- und Nächstenliebe konkretisiert. (RN 107) Die Formulierung im Sozialwort begrenzt die Gültigkeit dieses Leitmotivs nicht auf Christen oder auf die Mitglieder der beiden Kirchen. Die Formulierung ist universal. Aus Sicht des Sozialwortes ist die Option für die Armen ein allgemeines gesellschaftliches Leitbild, also ein Leitbild, dass für alle Menschen, die sich der hiesigen Gesellschaft zugehörig fühlen, Verbindlichkeit beansprucht.

Die vorrangige Option für die Armen ist aus Sicht des Sozialwortes verbindliches Kriterium des Handelns, weil die christliche Nächstenliebe sich vorrangig den Armen, Schwachen und Benachteiligten zuwendet. (RN 105) Das Doppelgebot der Gottes- und Menschenliebe nach Markus 12, 38 – 31 sowie den Parallelstellen in den anderen Evangelien bildet die neutestatmentliche Grundlage der vorrangigen Option für die Armen. (RN 103) Die entsprechenden Ausführungen dazu im Sozialwort (RN 103) betonen, dass die Nächstenliebe sich nicht auf die Mitglieder der christlichen Gemeinde beschränkt, sondern – in Aufnahme entsprechender alttestamentlicher Texte – die Nächstenliebe uneingeschränkt auch den Fremden gilt und nach Lukas 6, 27.35 sogar noch ausgeweitet wird in Form der Feindesliebe, die auf "Entfeindung", also auf Solidarität mit und auf Verantwortung gegenüber allen Menschen ausrichtet – unabhängig von Herkunft, Weltanschauung, etc.

In eine andere Richtung spitzt das Matthäusevangelium die vorrangige Option für die Armen zu. (RN 106) In Matthäus 25, 34 ff. wird die Begegnung mit den Armen, den gesellschaftlich marginalisierten und verachteten Menschen zu einem Prozess, in dem Gott sich in Verborgenheit offenbart. Wer Gott sucht, wird ihm unter den Armen begegnen. Wen die Lebenssituation der Armen hingegen unberührt lässt, der bleibt von Gott unberührt.

Das Sozialwort greift im weiteren in der Begründung der vorrangigen Option für die Armen auf das Alte Testament zurück. Hier ist Maß gebend die Erfahrung der Befreiung Israels aus der Versklavung in Ägypten. (RN 105) Im Prozess der alttestamentlich-theologischen Reflexion hat sich aus dieser theologischen Schlüsselerfahrung der Befreiung aus unterdrücken, unmenschlichen Arbeitsbedingungen das alttestamentliche Recht der Armen, Witwen, Waisen und Fremden entwickelt. Hier geht es nicht um Almosen, sondern um Rechte. Die genannten Personengruppen werden nicht der Barmherzigkeit derer empfohlen, die sich diese leisten könnten und damit derem Wohlwollen ausgeliefert. Das göttlich verbürgte Recht der Armen, Witwen, Waisen und Fremden gibt diesen einen gesellschaftlichen Status, der sie vor Armut und Willkür seitens der wohlhabenderen Teile der Gesellschaft schützt, sie also in die Gesellschaft integriert, statt sie auszugrenzen und sie so zu recht- und schutzlosen Individuen zu machen.

Traditionell haben die Kirchen nie ein Problem gehabt, die Menschen zu unterstützen, die – wenn man so will – schicksalshaft benachteiligt sind. Sehr zurückhaltend waren die Kirchen oft, wenn es um Menschen ging, die aus politischen Gründen benachteiligt waren.

Umso bedeutsamer ist es, dass das Sozialwort genau zu diesem Punkt eine Klarstellung vornimmt, die in kirchenamtlichen Papieren nur selten zu finden ist: "Soziale Gerechtigkeit hat insofern völlig zu Recht den Charakter der Parteinahme für alle, die auf Unterstützung und Beistand angewiesen sind ... Sie erschöpft sich nicht in der persönlichen Fürsorge für Benachteiligte, sondern zielt auf den Abbau der strukturellen Ursachen für den Mangel an Teilhabe und Teilnahme an gesellschaftlichen und wirtschaftlichen Prozessen." (RN 112)

Kirche versteht sich hiernach nicht mehr in dem Sinne als politisch, dass sie gesellschaftlicher Herrschaftsfaktor zu sein anstrebt. Sie versteht sich vielmehr als eine Organisation, die in dem Sinne politisch ist, dass sie für eine Gesellschaft eintritt, die nach sozialer Gerechtigkeit strebt und diejenigen unterstützt, die ohne Unterstützung nicht eine Verbesserung ihrer Lage durchsetzten können. So heißt es im Sozialwort: "In der Perspektive einer christlichen Ethik muß darum alles Handeln und Entscheiden in Gesellschaft, Politik und Wirtschaft an der Frage gemessen werden, inwiefern es die Armen betrifft, ihnen nützt und sie zu eigenverantwortlichem Handeln befähigt. Dabei zielt die biblische Option für die Armen darauf, Ausgrenzungen zu überwinden und alle am gesellschaftlichen Leben zu beteiligen. Sie hält an, die Perspektive der Menschen einzunehmen, die im Schatten des Wohlstands leben und weder sich selbst als gesellschaftliche Gruppe bemerkbar machen können noch eine Lobby haben. Sie lenkt den Blick auf die Empfindungen der Menschen, auf Kränkungen und Demütigungen von Benachteiligten, auf das Unzumutbare, das Menschenunwürdige, auf strukturelle Ungerechtigkeit. Sie verpflichtet die Wohlhabenden zum Teilen und zu wirkungsvollen Allianzen der Solidarität." (RN 107)

Das Maß an Gerechtigkeit, dass in einer Gesellschaft verwirklicht ist, lässt nach sich diesen Aussagen des Sozialworts nur ablesen an der Lebenssituation der Armen. Je weniger Armut es gibt, um so mehr Beteiligungsrechte und reale Beteiligung an gesellschaftlichen (d.h. politischen und wirtschaftlichen) Entscheidungsfindungsprozessen es gibt, um so mehr soziale Gerechtigkeit ist in einer Gesellschaft verwirklicht. Für die Überwindung der Armut einzutreten, ist nach diesem Selbstverständnis die gesellschaftliche Aufgabe der Kirche. Kirche ist als Organisation also auf die Gesellschaft hin orientiert und findet als Organisation ihre Legitimation zumindest zu einem erheblichen Anteil in Erfüllung dieser Aufgabe. Darin verwirklicht sich – theologisch gesprochen – das Heilshandeln Gottes in dieser Welt. Und das Heilshandeln Gottes gilt der ganzen Schöpfung, der ganzen Welt und nicht nur den Mitgliedern der Kirche.

Dem entspricht die Methode "sehen – urteilen – handeln", die für kirchlich-gesellschaftliche Handeln Maß gebend ist: Wahrnehmung der konkreten Lebensbedingungen von Menschen – Analyse der Ursachen – Engagement für die Beseitigung der in der Analyse ermittelten (strukturellen) Ursachen für entwürdigende Lebens- und Arbeitsbedingungen.

Auch wenn diese gesellschaftlich-politische Positionierung in den Konkretionen des Sozialwortes nicht immer stringent durchgehalten wird: Den Kern des Sozialworts bildet die vorrangige Option für die Armen.

Evangelisches Profil

Das Sozialwort der Kirchen ist in der Endphase der 16-jährigen Kohl-Ära veröffentlicht worden und es ist auch Ausdruck der seinerzeitigen politischen Wechselstimmung. Vermutlich hat es mit dazu beigetragen, dass bei der Bundestagswahl 1998 eine rot-grüne Regierung gewählt worden ist. Entgegen den Erwartungen vieler Menschen und Organisationen hat sich unter der Regierung von Bundeskanzler Gerd Schröder eine neoliberale "Reform"-Politik erst richtig durchsetzen und entfalten können. Dies hat zu einer rasanten Ökonomisierung auch der gesellschaftlichen Bereiche geführt, die bis dahin gänzlich außerhalb der privaten, profitorientiert arbeitenden Wirtschaft verortet und organisiert waren. Dazu gehören insbesondere auch die kirchlichen Wohlfahrtsverbände Diakonie und Caritas. Sie sind mit Abstand die größten Wohlfahrtsverbände in der Bundesrepublik. Sie beschäftigen knapp eine Million Menschen – überwiegend Frauen. Bei den verfassten Kirchen arbeiten noch einmal rund 200.000 Frauen und Männer.

Der neoliberale Ökonomisierungsdruck, der auch durch den auf freien und unverfälschten Wettbewerb ausgerichteten EU-Binnenmarkt befördert wird, hat die Kirchen und ihre Wohlfahrtsverbände unvorbereitet getroffen. Statt sich sozialethisch und politisch mit dem politisch erzeugten Ökonomisierungsdruck auseinanderzusetzen, haben die verfassten Kirchen diesen Prozess zunächst ignoriert. Die diakonischen Einrichtungen hingegen haben sehr pragmatisch, das heißt, betriebswirtschaftlich, darauf reagiert.

Eingeführt wurde der EU-Binnenmarkt 1993. Seit 1995 gilt die Freizügigkeit auch von Dienstleistungen im EU-Binnenmarkt. Dadurch sind alle Wohlfahrtsverbände unter einen für sie bis dahin in der Bundesrepublik nicht existierenden Wettbewerbsdruck geraten. Der hat dazu geführt, dass ab der zweiten Hälfte der 1990er Jahre die Geschäftsführungsaufgaben in den Wohlfahrtsverbänden nicht mehr – wie bis dahin üblich – an entsprechend befähigte Sozialarbeiter oder Sozialarbeiterinnen übertragen wird, sondern dass für diese Aufgaben nun Betriebswirte eingestellt werden. Diese kommen in der Regel nicht aus dem Bereich der Wohlfahrt. Sie sind für eine Arbeit in der privaten, profitorientierten und auf Konkurrenz und Wettbewerb ausgerichteten Wirtschaft ausgebildet. In einem sehr kurzen Zeitraum hat sich somit die Handlungslogik, nach der die Arbeit der Wohlfahrtsverbände bis dahin organisiert war, rasant in eine neoliberale, an profitorientiertem Handeln ausgerichtete Richtung entwickelt.

Als dann infolge der rot-grünen Steuersenkungspolitik ab 2000, der zunehmenden Arbeitslosigkeit sowie der Agenda 2010 und der so genannten Hartz-Reformen die Kirchen mit merklich zurückgehenden Kirchensteuereinnahmen konfrontiert wurden, haben sich diese rasch und sehr pragmatisch einer neoliberalen Kostensenkungspolitik geöffnet – ohne Reflexion der politischen Ursachen der Situation und ohne eine kritische Auseinandersetzung mit derselben.

In dieser Situation haben evangelische Kirchen dankend Angebote von namhaften Unternehmensberatungsfirmen angenommen, die in kleinem Rahmen zunächst kostenfreie Beratungsangebote gemacht haben. Deren Interesse war offensichtlich, sich Zugang zu Organisationen zu erschließen, die nicht der freien Wirtschaft angehören, sich also neue Kunden und einen neuen Markt zu erschließen. Das ist ihnen gelungen.

Dieser Erfolg der Unternehmensberaterfirmen spiegelt sich wider in den Begrifflichkeiten, auf die Kirchenleute seit geraumer Zeit gerne zurückgreifen. Von Profilbildung, Kerngeschäft, Reorganisation, Fusionen, Kostensenkung, Konzentration, Leistungsbreitschaft, Wettbewerb zwischen unterschiedlichen Gemeindeformen, Agendasetting, neuen Finanzierungsmodellen, Wachsen gegen den Trend, etc. ist beispielsweise in der EKD-Schrift "Kirche der Freiheit durchgängig die Rede. Eine Kostensenkung durch ehrenamtliche Tätigkeit, die mit dem Priestertum aller Gläubigen theologisch gut begründbar ist, passt sich gut ein in den neoliberalen Mainstream. Es ist die Rede von presbyterial-synodaler Kirchenordnung und davon, dass die evangelische Kirche keine Pfarrer-Kirche sei und sein dürfe. Gleichzeitig aber wird Pfarrern und Pfarrerinnen als leitenden geistlichen Mitarbeitenden eine herausgehobene Stellung zugedacht.

Als besonders anschlussfähig in der evangelischen Kirche erweist sich der Begriff des "evangelischen Profils". So lautete das Motto der 6. Tagung der 10. Synode der Evangelischen Kirche in Deutschland vom 04. – 07. November 2007 "evangelisch Kirche sein".

Wie schon angedeutet, ist diese Entwicklung in dem EKD-Papier "Kirche der Freiheit" von 2006 überdeutlich zu beobachten. Von "Evangelisch in Deutschland" ist dort sogar die Rede. (EKD 2006: 44) Weder der darin anklingende Provinzialismus noch gar der sich aufdrängende nationalistische Unterton scheint die Autoren des Papiers erreicht oder gar irritiert zu haben. Zugute halten mag man den Autoren, dass die evangelische Kirche die wohl einzige gesellschaftliche Großorganisation in der BRD ist, in der Migranten und Migrantinnen keine Rolle spielen, weil es nur sehr wenige protestatntische Zuwanderer und Zuwanderinnen gibt. Dies lässt sich auch als Indikator dafür begreifen, wie weit die evangelische Kirche von aktuellen gesellschaftlichen Entwicklungen isoliert ist.

Zwar betonen die Autoren des Papiers, dass die "ökumenische Grundhaltung" und die Toleranz gegenüber anderen Religionen durch dieses Papier nicht in Frage gestellt werden soll. (EKD 2006: 44) Dennoch drängt sich der neoliberale Geist, der der Methodik dieses Papiers zugrunde liegt, immer wieder auf. Und der drängt eben auf Abgrenzung: "Die faktischen Reaktionsweisen der Landeskirchen auf den spürbaren Veränderungsdruck stimmen darin überein, dass eine Profilschärfung des Evangelischen geistlich und theologisch die richtige Reaktion auf die anstehenden Herausforderungen bildet." „Evangelisch in Deutschland" braucht ein deutliches Profil und eine klare Qualität. Das aus einer Kommunikationskampagne der Evangelischen Kirche in Hessen und Nassau stammende Motto „Evangelisch aus gutem Grund" weist in diese Richtung. Ein ausgeprägtes Profil ermöglicht Erkennbarkeit in einer unübersichtlich gewordenen Welt. Ein evangelisches Profil der Kirche und die Reflexion der eigenen Herkunft mit der Bereitschaft zu zukunftsbezogener Erneuerung eröffnet Wege in die Zukunft." (EKD 2006: 44)

Schauen wir zum Vergleich einmal auf eine Beschreibung dessen, was ein Unternehmensprofil leisten soll. Es ist einer öffentlich zugänglichen Webseite einer Organisation entnommen, die mit dem folgenden Text für die Erstellung hochwertiger Interentauftritte wirbt. (Webseite „pc-erlernen.de")

- Ein klares Unternehmensprofil ist das Fundament einer positiven Selbstdarstellung

- Nutzung von Wettbewerbsvorteilen und Qualitätsmerkmalen

- Vergrößerung des Kundenkreises durch den hohen Wiedererkennungswert

- Strategische Abgrenzung Ihres Unternehmens zur Konkurrenz
- Effektive und aussagekräftige Darstellung der Produkte und Dienstleistungen in Anlehnung an des Unternehmensbild

Üblicher Weise formulieren kirchliche Autoren redundanter und salbungsvoller als die aus der Privatwirtschaft. Doch die Botschaften sind weitgehend identisch.

Das Papier "Kirche der Freiheit" zielt darauf, die evangelische Kirche in einer pluralen Gesellschaft neu zu positionieren und zu einer gesellschaftlich durchsetzungsstarken Organisation zu machen. Wie anders sollte man den Einleitungssatz zum 9. Leuchtfeuer sonst verstehen: "Auf Gott vertrauen und das Leben gestalten – Themenmanagement und Agendasetting bewusst stärken. Im Jahre 2030 ist die evangelische Kirche in der öffentlichen Wahrnehmung dadurch stark, dass sie gemeinsame Themen und Positionen vorgibt, die in die Gesellschaft hineingetragen und vertreten werden. Die professionelle Reflexion dieser Themen in Zuschnitt und Abfolge sowie die öffentliche Kommunikation der Themen sind die wichtigsten Voraussetzungen für eine starke und profilierte Präsenz." (EKD 2006: 85) Hier geht es um die Erlangung gesellschaftlicher Hegemonie seitens der evangelischen Kirche.

In kulturprotestantischer Tradition setzt das Papier auf ein starkes Engagement im Bereich Bildung und im Bereich Kultur. Dem letzteren entspricht, dass die Evangelische Kirche von Westfalen (EKvW) in Zusammenarbeit mit der Evangelischen Kirche im Rheinland (EKiR) in Essen das evangelische Kulturbüro Ruhr 2010 als Kontaktstelle zur Ruhr.2010 GmbH unterhält, die die europäische Kulturhauptstadt Ruhr.2010 ausrichtet. Erklärtermaßen wollen die beiden Kirchen das Event der Kulturhauptstadt 2010 im Ruhrgebiet nutzen, um verstärkt wieder in Kontakt mit Künstlerinnen und Künstlern zu treten. In der neoliberalen Floskelsprache der Unternehmensberater klingt das so: "Im Jahre 2030 gibt es zentrale Begegnungsorte des evangelischen Glaubens, die missionarisch-diakonisch-kulturell ausstrahlungsstark sind und angebotsorientiert in einer ganzen Region evangelische Kirche erfahrbar machen. Im Sinne der „Stadt auf dem Berge" (Matthäus 5,14) zeigt die evangelische Kirche an diesen Orten die Fülle ihrer geistlichen Kraft. Diese Stärkung der Stärken in kirchlichen Zentren wird regional gemeinsam gewollt, weil diese Zentren geistliche Verantwortung für die sie umgebenden Regionen übernehmen." (EKD 2006: 59)

Dass in diesem Abschnitt von Angebotsorientierung die Rede ist, ist keinesfalls zufällig. Im Zentrum neoliberaler Wirtschaftspolitik steht die Angebotsorientierung. Die Anbieter auf dem Markt – also die Unternehmen – sollen durch eine entsprechende, für sie Kosten senkende Wirtschaftspolitik gestärkt werden. Auf den kirchlichen Kontext übertragen heißt das, die Kirchen als weltliche Organisationen zu stärken, durchsetzungsfähiger zu machen.

Eine zentrale Bedeutung misst die EKD dabei der Bildung zu. Ihre Ausgaben für Bildung will die EKD allerdings in einem respektablen Umfang staatlich refinanziert haben. In der Einleitung zu Leuchtfeuer 7 wird dies deutlich: "Auf Gott vertrauen und das Leben gestalten – evangelische Bildungsarbeit als Zeugnisdienst in der Welt verstehen. Im Jahre 2030 ist Bildungsarbeit eines der wichtigsten Arbeitsfelder der evangelischen Kirche. Sie führt Kinder und Jugendliche an den christlichen Glauben und an verantwortliches Leben aus Glauben heran. Sie bestärkt Christen darin, in Familie, Beruf und Gesellschaft von Gott Gutes zu sagen und den christlichen Glauben zu bezeugen. In kirchlichen wie in staatlichen Institutionen konzentriert sich evangelische Bildungsarbeit auf die Beheimatung in den Überlieferungen des Glaubens und auf die Dialogfähigkeit mit anderen Religionen und Weltanschauungen. Wo immer der evangelischen Kirche Interesse an evangelischer Bildungsarbeit entgegentritt, wird sie diesem Interesse nachzukommen suchen. Dabei erhofft sie nicht nur Resonanz und Respekt, sondern auch die für den Umfang dieser Arbeit nötige Refinanzierung." (EKD 2006: 77) Keines der anderen auf die Gesellschaft hin orientieren Leuchtfeuer ist so konkret und fordernd formuliert, wie das zum Thema Bildung. Auch hier wird der Anspruch der EKD auf eine protestantische Hegemonie in unserer Gesellschaft offensiv vertreten.

Die EKD scheint nur in hegemonialen, nicht aber in pluralen und demokratischen Kategorien denken zu können. In einer Gesellschaft, die wie die der BRD in einem so hohen Maß von Migration geprägt ist, ist ein solcher Anspruch unzeitgemäß, anmaßend. Aber eben das entspricht dem neoliberalen Geist, der diesem Papier zugrunde liegt. Statt Konzepte für eine demokratische und von gegenseitigem Respekt geprägte Organisation einer Migrationsgesellschaft zu entwerfen, werden demokratiefeindliche neoliberale Hegemoniekonzepte vertreten.

Unterstrichen wird dieser undemokratische neoliberale Geist durch eine andere Passage dieses Papiers, die sich auf Seite 33 findet: "Es gibt keine mit Heiligkeit versehene äußere Ordnung der Kirchen, keine unveränderbare Hierarchie. In der äußeren Gestalt der Kirche sollen sich ihr Geist und ihr Auftrag widerspiegeln (Barmen III); andererseits dürfen, Organisationsfragen als solche nicht dogmatisch überhöht werden, sondern sind für unterschiedliche Gestaltungen offen. Diese theologische Entlastung des Kirchenverständnisses eröffnet den Raum für eine aktive Gestaltung der kirchlichen Strukturen nach den jeweiligen sachlichen Erfordernissen." Mit dieser Formulierung wird eine Art Paradigmenwechsel vollzogen, der in seiner Tragweite bisher nicht erkannt worden ist.

Bisher galt in der evangelischen Kirche das Selbstverständnis "dass die Kirche ihrem Wesen nach etwas anderes als der Staat und als alle Personenverbände des weltlichen

Rechts ist." (Stopp 1961: 1) (Konrad Stopp: Untersuchung über das kirchliche Dienst- und Arbeitsrecht. Arbeitsbericht. Archiv des Diakonischen Werkes der EKD, ADW, WI 34.) Im Sinne der EKD-Schrift "Kirche der Freiheit" ist dieses tradierte Selbstverständnis als dogmatische Überhöhung einzustufen. Mit diesem Selbstverständnis werden bis heute Tarifverträge für die Kirchen zurückgewiesen.

Wenn nun die EKD mit ihrer Schrift aus 2006 die evangelische Kirche von dieser dogmatischen Überhöhung theologisch entlasten will, dann klingt das zunächst einmal aus einer gewerkschaftlichen Perspektive fortschrittlich. Die EKD will mit dieser theologischen Entlastung die Kirche ihrer äußeren Gestalt nach als eine weltliche Organisation verstanden wissen, um sie für "unterschiedliche Gestaltungen" zu öffnen, "für eine aktive Gestaltung der kirchlichen Strukturen nach den jeweiligen sachlichen Erfordernissen". Damit ist die Kirche Organisationen "des weltlichen Rechts" gleichgestellt. Wenn die Kirche aus Sicht der EKD in ihrer äußeren Form eine weltliche Organisation darstellt und die Kirchen sich in der Gestaltung der eigenen Strukturen "den jeweiligen sachlichen Erfordernissen" öffnen soll, dann gehört aus gewerkschaftlicher Sicht zu diesen "sachlichen Erfordernissen" ein ordentlicher mit Gewerkschaften ausgehandelter Tarifvertrag.

Eine solche Interpretation der oben zitierten Passage aus dem EKD-Papier ist zwangsläufig. Und in diesem Sinne bedeutet die zitierte Passage einen Paradigmenwechsel. Mit diesem Paradigmenwechsel könnte die EKD eine Demokratisierung der innerkirchlichen Arbeitsbeziehungen – durchaus auch im Sinne des in der EKD-Schrift behandelten Priestertums aller Gläubigen und des lutherischen Arbeitsverständnisses – initiieren.

Das wäre ein interessanter Impuls für unsere gesamte Gesellschaft und insbesondere für die privatwirtschaftliche Arbeitswelt, die sich nicht gerade durch ein Übermaß an (Wirtschafts-)Demokratie auszeichnet. Obgleich die EKD-Schrift sich ausführlich mit dem Thema kirchlicher Mitarbeitender befasst, spielt dieser Aspekt dabei nicht die geringste Rolle. Statt von Demokratie in den Arbeitsbeziehungen ist vor allem von Leitung die Rede, die den Pfarrern und Pfarrerinnen als "leitende geistliche Mitarbeitende" (EKD 2006: 71) vorbehalten ist und bleibt. Es ist die Rede von "Leistungsfähigkeit und Leistungsbereitschaft, Qualitätsbewusstsein und Identifizierung mit den kirchlichen Grundaufgaben" (EKD 2006: 63). Wer so über Mitarbeitende redet, redet aus der Managementperspektive – eben aus der Perspektive der Unternehmensberatungen. So spiegelt sich auch in diesem Abschnitt der neoliberale Zeitgeist wider, dem nicht an Demokratie gelegen ist, sondern an Nützlichkeit und effizienter, kostengünstger Funktionalität.

Fazit

"Evangelisch in Deutschland" – das stellt, trotz gegenteiliger Beteuerungen, ökumenische Offenheit und gesellschaftliche, kulturelle, ethnische und religiöse Pluralität in Frage. Sicher ist auch aus Sicht der EKD ein Dialog mit anderen Relegionen zu führen. Dessen Notwendigkeit lässt sich in einer Migrationsgesellschaft beim besten Willen nicht bestreiten. Doch nach dem EKD-Papier "Kirche der Freiheit" drängt sich der Eindruck auf, dass dieser Dialog aus EKD-Sicht nicht auf gleicher Augenhöhe unter den Dialogpartnern zu führen sei, sondern nur unter protestantischer Hegemonie. "Kirche der Freiheit" projektiert das Bild einer protestantischen Gesellschaft, die – wenn sich das in dieser Schrift entwickelte Leitbild durchsetzen könnte – bis 2030 realisiert sein soll: Eine protestantische Gesellschaft mit nicht-protestantischen Nischen.

Profilbildungsprozesse haben – das zeigt sich auch in "Kirche der Freiheit" deutlich – vorrangig die Eigeninteressen einer Organisation im Blick. Die Stärkung und Durchsetzungsfähigkeit der Organisation steht im Vordergrund. Das entspricht dem Sachverhalt, dass Profilierungsprozesse eine Strategie der privaten, profitorientierten und auf Wettbewerb und Konkurrenz ausgerichteten Wirtschaft sind. Profilierungsprozesse verfolgen das Ziel, ein Unternehmen in die Lage zu versetzten, sich auf einem gesättigten Markt gegen andere Marktteilnehmer durchzusetzen. Das heißt: andere Marktteilnehmer vom Markt zu verdrängen, um dann deren Marktanteile zu übernehmen und so zu Wachstum zu kommen. Die EKD hat sich in der "Kirche der Freiheit" auf diese Methodik und Strategie eingelassen. Das Ergebnis ist entsprechend. Mit einer am Evangelium orientieren Kirche hat das allerdings nur noch marginal zu tun.

So verwundert es nicht, dass in dem EKD-Papier "Kirche der Freiheit" von der vorrangigen Option für die Armen, die die Schlüsselkategorie des Sozialworts darstellt, nicht mehr die Rede ist. "Evangelisch in Deutschland" und "die vorrangige Option für die Armen" sind zwei divergierende Konzepte.

Die Grundfrage einer Profilierungsstrategie lautet: Was nützt der Organisation? Ihr Handeln orientiert sich – im Sinne luhmannscher auto poesis – an dem, was die Organisation erhält und stärkt.

Die Grundfrage der vorrangigen Option für die Armen denkt aus der Perspektive der Armen und lautet: Wie ist die Lage der Armen? Was sind ihre Bedarfe? Wie kann ihre materielle und politische Lage verbessert werden? Wie können sie zu einem eigenständigen Handeln befähigt werden, um ihre Interessen selbst und demokratisch zu Vertreten?

Auf der einen Seite Kirche als eine auf gesellschaftliche Hegemonie drängende Organisation und auf der anderen Seite Kirche als eine Bewegung für soziale Gerechtigkeit, die – beeinflusst durch die lateinamerikanische Theologie der Befreiung – Menschen dazu befähigen will, Subjekte ihrer eigenen Geschichte zu werden.

Die Autoren

Wolfgang Belitz (geb. 1940) ist evangelischer Sozialethiker. Von 1970 bis 1997 war er Pfarrer im Sozialamt der Evangelischen Kirche von Westfalen (Schwerte), von 1997 bis zu seinem Ruhestandsbeginn im Oktober 2005 Pfarrer im Sozialwissenschaftlichen Institut der Evangelischen Kirche in Deutschland (bis 2003 in Bochum). Von 1976 bis 1994 Lehrbeauftragter für Sozialethik an der Universität Münster, anschließend Lehrbeauftragter für Sozialphilosophie und Sozialethik an der Fachhochschule Düsseldorf.

Dr. rer. pol., Dr. theol. habil. Bernhard Emunds (geb. 1962) ist Professor für Christliche Gesellschaftsethik und Sozialphilosophie, Leiter des Oswald von Nell-Breuning-Instituts für Wirtschafts- und Gesellschaftsethik der Philosophisch-Theologischen Hochschule Sankt Georgen in Frankfurt am Main.

Dr. oec. Friedhelm Hengsbach SJ (geb. 1937) ist emeritierter Professor für christliche Gesellschaftsethik und war von 1992 bis zu seiner Emeritierung 2005 Leiter des Oswald von Nell-Breuning-Instituts für Wirtschafts- und Gesellschaftsethik der Philosophisch-Theologischen Hochschule Sankt Georgen in Frankfurt am Main.

Uwe Hildebrandt (geb. 1948) ist seit 1979 Pfarrer in der evangelischen Kirchengemeinde Gladbeck-Mitte. Er war bis 2008 Vorsitzender des Gesamtverbandes Evangelischer Kirchengemeinden in Gladbeck und ist jetzt Vorsitzender des Presbyteriums der Stadtgemeinde Gladbeck.

Jürgen Klute (geb. 1953) ist evangelischer Pfarrer und Sozialethiker, Publizist und Mitherausgeber der Zeitschrift AMOS. Von 1989 bis 2006 leitete er das Sozialpfarramt des Kirchenkreises Herne, das Ende 2006 aufgelöst wurde. Seit 2007 ist er Referent für Sozialethik an der Evangelischen Stadtakademie Bochum.

Dr. Hartmut Przybylski (geb. 1944) war bis zu seiner Pensionierung 2004 Geschäftsführender Leiter des Sozialwissenschaftlichen Instituts der Evangelischen Kirche in Deutschland, dass 2004 von Bochum nach Hannover verlegt und mit dem dortigen Pastoralsoziologischen Institut der Landeskirche in Hannover zum neuen SI der EKD umgestaltet wurde.

Dr. Hans-Udo Schneider (geb. 1946) ist evangelischer Pfarrer und Dipl. Psychologe. Von 1973 bis 1993 war er Mitglied im Gruppenpfarramt der Evangelischen Kirchengemeinde Wulfen (Dorsten); seit 1993 ist er Industrie- und Sozialpfarrer im Kirchenkreis Gladbeck-Bottrop-Dorsten.

Bisher erschienene Bände in der Reihe Kultur der Arbeit

Band 1
Jürgen Klute, Herbert Schlender, Sabine Sinagowitz: Positionen zum Mindestlohn in der evangelischen Kirche. Eine Dokumentation. November 2007.